生涯規劃與管理

吳思達　編著

⑤全華圖書股份有限公司

歡迎您進入「生涯規劃與管理」的學習領域。

生涯係結合個人生活與生命全程的歷程，所以是一門「行」的學問。生涯規劃與管理可以為教育的主體——個人，提供連續性與縱貫性的生涯發展與全程的學習需求、職業訓練與教育活動等相關資料，藉以作為個人規劃終身學習的學習理論依據與實務運作的基礎。因此，生涯規劃與管理，無疑的將為個體提供人生發展歷程中的教育需求、生活適應、發展現況與生活關注的焦點與內容。

這本書，不僅是特別為好奇、徬徨、疑慮和面對生涯抉擇的人所設計，也是為所有的人實現更美好的生活而安排的。因此，教材的選擇，避免許多艱深的生涯理論，而以增進對自我的了解和對工作世界的認識為主，從建立正確的生涯目標，面對生涯發展中可能遭遇的困境，提出因應之道。所以特別適合大學及技專校院通識課程及各學系學生，研讀生涯相關課程的基礎用書。全書內容足供開設二至三學分課程之用。

本書特色分成四大部分：第一部分為生涯起步走，從生涯規劃的基本理念及內涵，說明正確的生涯規劃之道。第二部分為專心看自己，從自我性向的探索、自我能力的了解、自我情緒的調控到人格特質的建立。第三部分為放眼望時代，從職場趨勢的探索認識，提出要找份好工作的方法。第四部分為用心看未來，從職業生涯的抉擇，說明終身學習探索內心真正需求的必要性。

所以運用這本書學習時，必須下一個決心，就是「決心從學習中得到最多的益處」。不只課程學習的時候如此，包括整個工作和生活的生涯發展也是如此。前哈佛大學校長羅維爾說：「只有一個方法能訓練人的頭腦，就是那人要自願運用他的頭腦。你可以幫助、指引、建議，甚至於啟發他，但最有價值的還是他自己努力得來的。而一個人所得到的一定與他所付出的努力成正比。」本書每一單元之後的練習，都是用來幫助學習者進行思考、反省和修正生涯方向的。所以，期望學習者都能按部就班的，完成每一項為您精心設計的活動。相信這本書對於學習生涯規劃與管理的同學，在自我生涯的發展上一定會有所助益的。

本書在蒐集資料、撰寫著作過程中，要感謝所有參考引用相關文獻的專家學者們，然而遺漏或疏失之處在所難免，尚請諸位教育先進及讀者們能不吝指正。最後，要特別感謝永靖高工吳冠麗老師、中正高工黃建華老師、立志中學楊淑美老師在文獻資料上的協助蒐集與整理，以及國立高雄應用科技大學師資培育中心李蕙年小姐、人力資源發展系（所）王恩薇助理及池慧琳研究生的協助校對，謝謝他（她）們！

編著者　謹識

1

「生涯」起步走

2 「專心」看自己

3 「放眼」望時代

4 「用心」看未來

第一篇

「生涯」起步走

- 生涯規劃
  基本理念
  - 生涯規劃相關名詞釋義
  - 生涯規劃的意義與特性
  - 生涯規劃的功能

- 生涯規劃
  的內涵
  - 生涯規劃的目標與種類
  - 生涯規劃的要素與原則
  - 認識生涯路徑與模式
  - 成功生涯的規劃步驟

- 如何做好
  生涯規劃
  - 生涯規劃的策略
  - 生涯計畫的訂定
  - 生涯規劃的注意事項

生涯規劃的基本理念

一、生涯規劃相關名詞釋義
二、生涯規劃的意義與特性
三、生涯規劃的功能

　　面對二十一世紀的今日，一個人在做生涯規劃的同時，必能感受到終身學習是未來人類不可避免的理念與行動。生涯規劃與終身學習兩者是可以整合而為一的，生涯規劃與終身學習都是一種策略，可以幫助我們安全的生存、快樂的生活，並且達到自我充分發展、開展生命意義的境界。

第一節　生涯規劃相關名詞釋義

生涯既為一個人一生發展與前進的方向，所以不論男女老少、貧富貴賤、士農工商都會有屬於自己的人生藍圖和人生道路，而且每一個人所選擇的人生藍圖和人生道路所可能遭遇的問題並不相同，涉及的範圍包括：工作、家庭、健康、感情、人際、休閒等各種不同的生活層面。因此，生涯規劃的內涵已從過去狹義的工作或職業規劃，擴及人生各種非工作或非職業的生活範圍，換言之，生涯規劃的內涵是一種具有個人獨特性人生發展歷程的整體規劃。而在談論生涯規劃之前必須對生涯有所認識。

一　認識「生涯」

「生涯」一詞依據 Super（1976）所談論到：「生涯是一個人生活裡演進方向與歷程，統合個人一生中各種職業和角色，並由此表現出個人獨特的自我發展組型。」而「生涯」（career），根據《牛津辭典》的解釋為「一生的發展與進步」（development and progress through life）。此外，根據《韋氏辭典》的解釋，「生涯」是指前進的方向（racing course）。上述兩辭典對於生涯的進一步解釋還有：生活之道、工作所須的專業或職業訓練等。

我國《辭海》將生涯解釋為人之生活；根據元曲〈漢宮秋〉：「番家無產業，弓矢是生涯」，指生涯亦為產業而言。另《辭源》根據庾信詩：「非常之錫，乃有溢生涯」，說明生涯為恃以營生之事業。綜合國外和國內的說法，我們可以為「生涯」下一個定義：生涯係指人之生活、產業、賴以營生之事業，它也是人一生前進的方向。

綜合上述，生涯即包含工作、職業的事業生活，而這幾年生涯的理念也逐漸延伸為生活事物、休閒娛樂、社會交際等非工作或非職業的部分，因此狹義的生涯與廣義的生涯定義，分別如下：

（一）狹義的生涯

個人終身所從事的工作，即個人一生的事業或職業，包括職位、職稱、職業與行業。

（二）廣義的生涯

係指人生整體的發展歷程，亦即除了工作與職業，亦涵蓋個人食、衣、住、行、育、樂各方面活動與經驗歷程。

生涯是一個人一生發展與進步的方向，所以不論男女老少、貧富貴賤、士農工商都要有屬於自己的人生藍圖和人生道路。因此，想要使自己的人生道路走得順暢，甚至對家人、對社會有所貢獻，就必須對自己的生涯提早做規劃。

二 生涯規劃相關名詞

在生涯規劃中我們經常會提到「工作」、「職業」、「生計」、「生計教育」等，因此應先思考這些相關名詞的意義及其彼此的關係，再進一步深入其它課題（圖 1-1-1）。

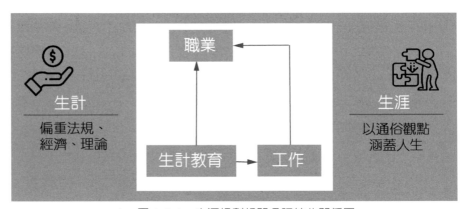

▲ 圖 1-1-1　生涯規劃相關名詞彼此關係圖

（一）工作

工作是一個人對其自認為有價值或別人所企求的目標而做有系統的追求過程，這種過程是目標導向、連續性，且需花費精力的（Super，1976）。

（二）職業

為實現工作中有價值或別人企求達成的目標，所賦予個人的職位或角色的統稱。

（三）生計

　　生活之計，一般較偏向法規、經濟、理論為基礎，個人一生生活目標的統籌，包含工作、職業及其它活動，亦可稱為生涯。

（四）生計教育

　　1971 年美國馬蘭（Marland）博士提出「生計教育」。係指生計認知，偏重職業選擇、準備就業、安置職業以及成功的職涯，並可分為四種模式：學校本位生計教育模式、雇主本位生計教育模式、家庭本位生計教育模式、偏遠地區生計教育模式。

　　從生涯規劃相關名詞的彼此關係圖，可看出個人一生中的生涯角色、工作角色與各種生活角色之間的協調與統整，這是人生全程的議題。Super 以生涯成就的程度，作為評估個人內在準備度的依據，指出生涯成熟度愈高的人，對自己的興趣、特質、能力與需求，愈能做出明智的決定。換言之，生涯成就代表個人生涯的發展狀況與職業選擇的準備程度，生涯成就度愈高，則個人的生涯發展愈佳，而職業準備度愈佳。如對生涯相關理論加以分析，可將其分為三大類：

（一）媒合理論（matching theories）

　　以人與事的媒合為重點，此理論又可分為三取向：即著重性向或人格特質的差異取向、著重社會經濟結構或個人在社會情境中的地位或其社會化過程的情境取向、強調自我觀念或其和諧一致的現象取向。

（二）發展理論（developmental theories）

　　以生活階段為重心，有些學說強調認同與分化，有些學說著重個人的覺知架構，還有些學說綜合角色、生活空間與發展的概念於其理論中。

（三）決策理論（decision-marking theories）

　　目的在探討媒合或發展之所以發生的現象，主要著重於生涯決策的歷程與型態之探討。

　　不同的階段會出現不同的生涯角色與議題，適當的生涯規劃幫助我們對未來做準備。當生涯發展論的學者以職業發展階段對於職業選擇歷程的探究時，多認為人欲做適切明確抉擇，需有相當的內在準備度，才能面對迅速變遷的環境做適當的調整。

第二節　生涯規劃的意義與特性

　　人生基本上分成「生存問題」和「生活問題」，「生存問題」至少含有：具自我保護的能力、維護自身健康的能力、處理急難意外的能力。另外是個人「生活問題」相關的問題，包含有：一般生活的知能、工作專業的知能、人際關係的知能、情緒管理的知能、休閒運動的知能、怡情養性的知能、價值澄清的知能、兩性相處的知能。一個個體必須有讓自己安全生存下來的基本能力，在生存安全無虞的狀態之上，依循著自己的才能、性格、興趣、志向及努力等不同的個別差異條件，過著屬於自己的生活、能夠解決自己生活上遭遇的問題，進而能夠擁有美滿的生活，這也是生涯規劃主要的意義所在。

一　生涯規劃的意義

　　生涯規劃係指一個人盡可能規劃未來生涯發展的歷程，考慮個人的智能、性向、價值，以及阻力、助力，做好事先安排，期望能自得其所。也就是說面對未來的歲月，做好構思並有所安排。針對未來所預期的目標，配合時間的先後，加以有效處理。所以生涯規劃是一種生活型態、生命意義的選擇、自我成就期待實現的手段（圖 1-2-1）。

　　生涯規劃包含個體由過去生涯經驗中的體驗，自我「生涯因應」的方式，及由探索自我、探索生涯環境、探索生涯資訊及生涯發展的時機，形成生涯適當的「生涯決定」後，擬定「生涯目標」及周延、可行、具有因應社會變遷及配合個人生涯發展的「生涯計畫」努力執行。此概念具有下列幾項意義：

（一）當改變是來自其內在動機時，才能有最好的改革。

　　心理學家指出，內在動機是指個體的行為動力來自個體內在的需求，而不是來自個體之外的因素，如同說：「對於我的升遷，我實在無可奈何，那要看老闆的決定與想法了」，這樣的想法是不會帶來任何改變的。

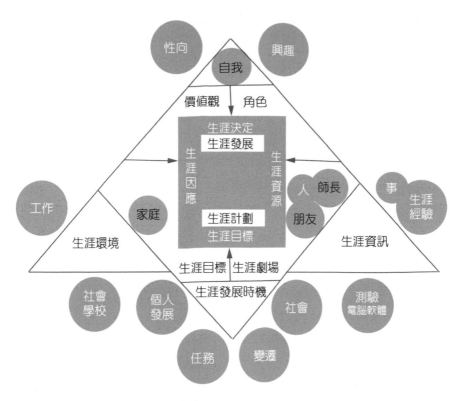

▲　圖 1-2-1　生涯規劃基本概念圖（張德聰，民 84）

（二）當一個人的目標具體而不含糊時，才能有最好的改變。

我們都知道，有了目標與方向後才會產生有意義、積極的行動，尤其一個具體的目標比模糊的目標更能有效的行動。

（三）當個體知道自己朝一個自己喜愛的方向進行改變時，會有一種滿足感。

我們建立自己的目標，決定要做什麼，我們也可以在完成後測量成功的程度，進而看到自己想要的事物。這樣的結果使人有信心，對自己產生一種認同感與價值感。

（四）適時且漸進的改變，才是最好的改變。

改變需要耐心與時間，今天所決定的生涯規劃不可能明天就完成。所以生涯規劃也可以是一種依自我意念，規劃出想做的事，喜歡自我所做的事，過自我想過的生活，熱愛自我所過的生活。

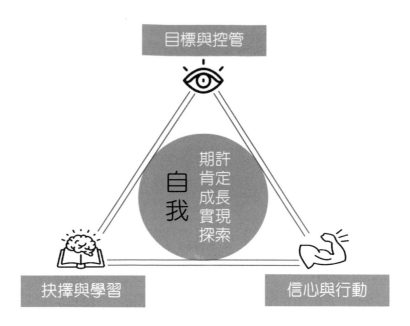

▲ 圖 1-2-2　生涯規劃意義圖

　　綜合上述，生涯規劃就是面對未來的歲月，做好構思與有所安排，針對未來所預期的目標，配合時間的先後加以有效控管，由自我肯定、自我成長、自我實現中不斷探索自我，抉擇與學習以投入生涯歷程的道路，如圖 1-2-2 所示。所以生涯規劃是一種生活目標與控管、生命抉擇與學習、自我成就期待實現的信心與行動。

 生涯規劃的特性

　　如果一個人不能確立自己一生發展與前進的方向，也不懂得生活之道，又不具備工作所需的專業、職業訓練或恃以營生的事業，那麼他的一生則無法脫離迷惘與悲苦是可以預見的。因此，及早建立生涯規劃的觀念與行為，將來才能夠成為既有生存能力、又懂得生活之道，且很清楚自己人生發展方向的成熟個體。生涯規劃有下列特性：

（一）獨特性

人儘管會有雷同之處，但絕不會完全相同。因此，進行生涯規劃，無論是任何人，都有其獨特性，都有其專屬的生涯規劃，絕對不會與他人相同。

（二）終生性

亦即從生到死一輩子的事情，具有終生的特性。如果今天做一個生涯規劃，明天又有另外的生涯規劃，就不能稱為生涯規劃，只能算是計畫而已。

（三）發展性

生涯規劃就學理而言，依年齡可劃分為四個階段，但會隨著早熟的傾向、資訊發達等因素，年齡層可能再往下降低。

1. 自我發現期：約在三十歲以下。

2. 自我培養期：約為三十至四十歲之間。

3. 自我實踐期：約為四十至五十歲之間。

4. 自我完成期：約為五十歲以上。

（四）全面性

係指所規劃的一生中包羅萬象，亦即對一個人生涯規劃所考慮的點、線、面，極為廣泛幾乎無所不包。

生涯規劃的特性缺一不可，設定有價值的目標，並全力以赴，人生所有志業均得以實現。切記！生涯的成功，需靠不斷用心思考及想像，力量才得以開發，當我們對未來愈有信心，愈有把握、愈明確，則生涯規劃的特性就會愈突顯。

第三節　生涯規劃的功能

　　生涯規劃乃是培養以自我了解為基礎，並對未來可從事的職業進行相關資訊蒐集、整合及評估相關生涯資訊的能力。而生涯規劃的功能則須從生涯發展與需求談起才能契合實際。

一　了解生涯發展與需求

　　Super（1986）提出人生是由三個層面構成整體的發展，以時間（time）、廣域或範圍（breadth or scope）、深度（depth）來說明生涯發展與需求。而時間係指人的年齡或生命的歷程，分為生長、試探、建立、維持和衰退階段（表1-3-1）；廣域或範圍則是生涯中所有角色的扮演（表1-3-2）；深度代表的是角色投入的程度（圖1-3-1）。

表 1-3-1　生涯時間發展的需求表

生涯階段	年齡（歲）	發展需求
生長階段	0~14	認知
試探階段	15~24	導向試探
建立階段	25~44	選擇安置
維持階段	45~65	專精升遷
衰退階段	65 以上	退休

表 1-3-2　生涯廣域或範圍發展的需求表

生涯角色	年齡（歲）	發展需求男／女
在學學生	0~18	準備期
應屆畢業生 公司新進人員	18~24	探索期 未婚就業期
社會新鮮人 接受公司培訓	25~34	職業的自立期／生產育兒期
專業人員	35~45	就業安定期／再就業期
資深人員	46~60	就業維持期
退休人員	61~65	衰退期

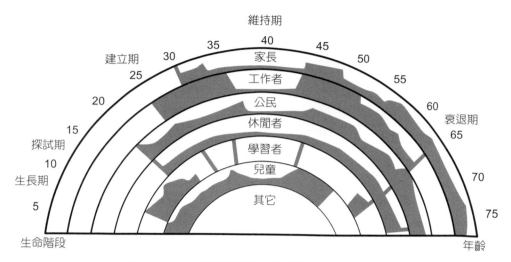

▲ 圖 1-3-1　生涯發展層面中陰影的多寡表投入的程度

二 確認生涯階段的任務

　　生涯規劃的功能係指了解生涯各階段發展的任務以及工作、家庭、休閒的關係，並加以妥善計畫（圖 1-3-2）。

▲ 圖 1-3-2　生涯發展過程生涯規劃的任務圖

（一）自我認識

探索自己的性向、能力、興趣、價值觀等特質外，還必須澄清自己對於性別角色的態度、工作習慣等觀念，以及了解自己對於生活形態、生涯規劃的期待，並探究自我特質、觀念與期待的形成。因此自我認識的發展過程，其任務為了解生涯規劃的重要性，探索個人理想的生活方式，培養個人的休閒習慣，學習生涯規劃的技巧，擬訂出個人的生涯計畫。

（二）學校生活

除了認知、情意、品格、技能的養成外，還包含了解職業的意義，這階段的任務主要有三：(1) 是學習解決問題與做抉擇；(2) 是具備就業前的心理準備；(3) 是實施就業行動。了解抉擇的重要，蒐集累積做抉擇所具備的資料與經驗，利用多元資訊評估各種抉擇後的結果，藉由不同的路徑與管道練習做抉擇的技巧，學習為個人的抉擇與結果負責，具備就業前的心理準備，例如：澄清生涯規劃的價值、培養健康的自我概念、學習人際關係的技巧、學習紓解壓力的方法、學習時間管理、保持身體健康。進而實施就業行動蒐集就業情報，培養推銷自我的能力以及面試的演練等。

（三）工作世界

由回顧工讀、社團經驗中，了解工作所需要的能力及條件，從中探索自我特質、生涯規劃期待與工作的關係，積極學習獲得有關工作世界的資料，規劃工作與休閒的生活，進而了解經濟發展方向、工作世界的現況。其生涯發展任務為探索工作適應過程與因應之道；了解職業倦怠的原因與克服之道；培養轉業的能力；了解教育訓練與工作發展的關係；訂立個人理財計畫；培養民主法制的精神等。

（四）愛、婚姻與家庭

此階段是發展兩性心理的過程，適應兩性社會化，以及婚前與婚後的生活調適。

（五）退休生活

主要在保持身心健康、繼續學習、熱心公益、探討死亡，追求生命的意義，主要探索生命歷程的省視，利用宗教與人生信仰，參與志工服務逐一印證生命的意涵。

生涯發展過程的重點

　　人的一生都在弄清楚自己重視什麼？追求什麼？在生涯過程中理解與創造自己的特質，尋求邁向成功契機。本節列舉生涯規劃重點，分述如下：

（一）青少年的生涯規劃重點

　　青少年在規劃生涯時，應時時自我充實、充分準備、累積實力，方能截長補短。可行的自我準備要項如下：

1. 進修以奠定基礎：應持續強化我們的專業知識與技能，可至各大專院校、企管顧問公司、相關學會、社團等，修習專業或一般的知識與技能如管理學、經濟學、電腦資訊、網路、組織發展、語文等，以奠定良好的基礎。

2. 工作以養成良好習慣：在學期間，儘量爭取校外工商業界實習的機會或參加專業訓練，以實務的經驗熟悉業界環境、溝通語言、組織經營及一般的處事原則與態度。藉由工作經驗的養成，累積自我的實力，強化知識與技能。

3. 閱讀以持續充實知能：經常閱讀國內外相關的報章雜誌，吸收最新的資訊、知識與技能，以跟上時代的進步。

4. 參加專業社團擴展人脈：藉由參加專業學會與一般社團，擴展視野，培養人際關係，耐心經營生涯。

（二）成年人生涯規劃的重點

　　成年人的生涯幾乎是與職涯發展畫上等號，要重視終身學習和專業知能的發展，更要迎接未來工作世界所面臨的衝擊。此階段生涯規劃的重點，茲說明如下：

1. 知覺刺激：知覺的產生，通常是個體對生命的某一層面感受到不滿足或不愉快而引起的。這些不滿足、不愉快的情緒，會使個體感受到需要改變的壓力。

2. 自我評量：以個人的信念、態度和價值觀來檢驗問題，能夠幫助我們發展出與個人自我概念較一致的解決方法。

3. 完備探索：探索的目的，是要確實了解我們對於情況和各種選項有充分足夠的資料，以達到最合理的結果。

4. 協調統整：在我們做決定之前，探索必須把所蒐集到的生涯資料和自己的資料整合在一起。探索統整的過程，並非是平順無阻，當努力把自己的理想期望轉化到現實情境時，會面臨許多衝突。

5. 投身驅動：由於我們不斷地改變、探索、前進，而到達了我們想要嘗試的地方，但這並不意味著保證成功或可以無所憂慮，它只是代表我們的決定是基於對自己及環境的了解，是與自己的生活相契合。

6. 付諸實行：當我們決定投身於某一抉擇，需要蒐集資料，並開始學習一些有關的技能、參加相關的訓練，以便覓得工作。因此，我們還需要充實求職及推銷自己的技能。

7. 評估因應：在決定付諸實行後，採取新的行動，生活型態也會隨之改變。這些改變給個體帶來衝擊，需要一段時間的學習與調適。在做決定或重估檢討決定時，有一件最重要的事情要記住，就是「凡事都會改變」。

　　面對不可知的未來，我們依然要全力以赴；對於生命中諸多個人無法掌握的因子，例如：颱風、地震、突如其來的天災人禍等，我們只能以冷靜的心來因應與面對。這是個多元的社會，也是充滿機會與選擇的時代，每個人都希望能夠掌握自我的未來，其先決條件則是積極進行長期性、前瞻性、發展性的生涯規劃。

本章摘要

1. 「生涯」一詞依據 Super（1976）所談論到：「生涯是一個人生活裡演進方向與歷程，統合個人一生中各種職業和角色，並由此表現出個人獨特的自我發展組型。」

2. 狹義的生涯：個人終身所從事的工作，即個人一生的事業或職業，包括職位、職稱、職業與行業。

3. 廣義的生涯：係指人生整體的發展歷程，亦即除了工作與職業，亦涵蓋個人食、衣、住、行、育、樂各方面活動與經驗歷程。

4. 生涯相關理論加以分析，將其分為三大類：媒合理論（matching theories）、發展理論（developmental theories）、決策理論（decisionmarking theories）。

5. 生涯規劃的意義，係指一個人規劃未來生涯發展的歷程，考慮個人的智能、性向、價值，以及阻力、助力，做好事先安排，期望能適得其所。也就是說面對未來的歲月，做好構思並有所安排。針對未來所預期的目標，配合時間的先後，加以有效處理。

6. 生涯規劃的功能有了解生涯發展與需求、確認生涯階段的任務、認知生涯發展過程的重點。

7. 生涯發展的時間（time）係指人的年齡或生命的歷程，分為生長、試探、建立、維持和衰退階段；廣域或範圍（breadth or scope）則是生涯中所有角色。

8. 自我認識係指探索自己的性向、能力、興趣、價值觀等特質，還必須澄清自己對於性別角色的態度、工作習慣等觀念，以及了解自己對於生活形態、生涯規劃的期待，並探究自我特質、觀念與期待之形成。

9. 學校生活除了認知、情意、品格、技能的養成，還包含了解職業的意義，這階段生涯規劃任務主要有三：(1) 是學習解決問題與做抉擇；(2) 是具備就業前的心理準備；(3) 是實施就業行動。

10. 青少年的生涯規劃是以進修以奠基、工作以養成、閱讀以持續充實、參加專業社團以擴展為主要的內涵。

11. 成年人生涯規劃的重點在於建構內化的刺激知覺、反芻自我評量、完備的探索、協調統整、投身的驅動力、付諸實行的目標、再評估的因應等。

本章問題與討論

1. 蒐集文獻資料論述「生涯」一詞的意涵，並提出個人對生涯的看法。

2. 由生涯規劃基本概念圖，論述如何因應未來環境競爭。

3. 請說明生涯規劃的特性為何？

4. 請閱讀名人傳記，分析其各生涯階段發展重點為何，及其成功的要素。

5. 請說明生涯規劃對於各生涯發展階段的任務為何？

6. 閱讀完本章，請列舉出個人生涯規劃中生涯發展的重點為何？並說明之。

筆記頁

生涯規劃的內涵

一、生涯規劃的要素與原則
二、生涯規劃的目標
三、生涯規劃的歷程
四、成功生涯的規劃步驟

　　在生涯議題中隱藏了一個假設，如果一個人清楚自己的工作價值，便能釐清工作信念，則生涯成熟度高，能做理性的生涯抉擇，較能擁有較高的生活滿意度或工作滿意度。這樣的人生目標觀點，可視為一種工具性的手段，或是求得更佳適應的策略，但是仍然無法幫助我們了解「為什麼目標能有助於適應？」、「什麼目標對誰產生了什麼影響？」及「它如何產生影響？」等問題，這也是本章欲探討的議題。

第一節　生涯規劃的要素與原則

　　生涯既為一個人一生發展與前進的方向，所以每一個人都會有屬於自己的人生藍圖和人生道路，而且每一個人所涉及的規則要素包括：願景、使命、目標亦有所不同，換言之，生涯規劃的目標是一種具有個人獨特性，且具備追求生命意義的標竿。

一　生涯規劃的要素

　　生涯規劃的要素包含願景、使命及目標。當我們試著為人生勾勒出簡單的架構前，得試著了解自己，了解自己看來似乎簡單，其實，有人終其一生都不了解自己。那麼，又該如何來了解自己呢？你可以透過自我反省、與父母師長商談或透過科學性的測驗，包括人格、職業興趣、能力、智力、性向等來了解自己。夜深人靜時，你可以坦然地面對自己：「這一生，究竟要什麼樣的生活？未來想要成為怎樣的人？」再依此架構來構築人生的鷹架，接著一步一步紮實地營造自己的人生，而此一架構即生涯發展的願景、使命及目標（圖 2-1-1）。

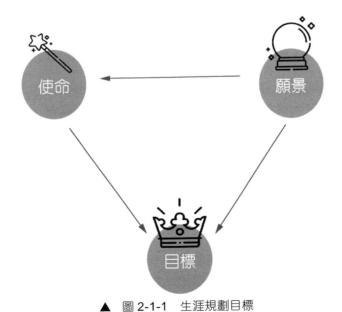

▲　圖 2-1-1　生涯規劃目標

（一）願景

　　願景可說是成功的重要條件之一，人生有一項定律就是「人的外在行為通常反映出內心思考」。成功的領導人，花相當多時間思考未來的理想與願景，因此一生不斷的努力追求理想，最終能實現人生的願景。願景有三個思考的面向：

1. 思考未來（future orientation）：思考未來自己真正想要什麼，思考未來的人生道路要通向哪裡，思考未來想完成什麼事，思考現在要做什麼事才能實現未來的夢想或是目標。

2. 採取長期觀點的思考（long-term perspective）：長期觀點的思考是決定個人事業及財富成就的關鍵因素，也就所謂「圍棋式的思考法」。哈佛大學教授班菲爾德（Edward Banfield）對「長期觀點」的定義是：「有能力在未來幾年的思考框架下來決定目前要做什麼。」

3. 採取理想化的思考（idealization）：是替人生築一個美麗的大夢，對未來做一個完美的設想，把你的思考投射在未來的五年、十年後，想像在完美的境界下，未來的生活及可創造任何理想的生活方式。

（二）使命

　　人活著的目的為何？很多人終此一生，不知生命的意義，生命即沒有方向亦無動能。當有一天我設立我的使命「服務大眾，協助更多人快速成功」後，我的人生就會有重大轉變，因為我珍惜每一個幫助朋友的機會，並主動學習更多資訊，用以協助更多人成功。人生志業得以建立，端賴我的使命，故使命會提供我們人生的方向及動能，各位的使命呢？好好的思考一下，立下一個使命，你的人生會因這小小的改變，而變得大大的不同。

（三）目標

　　成功等於目標，你是否常設立各大領域中不同的目標，然後經由實現不同目標，以成就人生的願景及使命。舉例來說：當我設立了一個到大學人資所進修兩年的學習目標後，我就會努力的扮演好學生角色，好好上課，好好和同學互動，既充實內涵、結交良師益友又可增加服務大眾的機會，如此正向循環就可逐漸實現願景、使命及目標了。

二　生涯規劃目標的原則

　　Maslow（1965）的需求階層論（need-hierachy theory），把人類的需求排列為五個層次，即生理的、安全的、愛與歸屬的、尊嚴的及自我實現的需求。同時 Maslow（1970）又提出了匱乏動機（deficiency motivation）和存在動機（being motivation）的不同，匱乏動機是個體感受到不滿或挫折，想要改變目前狀況的需要；而存在動機主要指此時此刻的享受，或是追求成長動機及形而上動機的渴望。茲對生涯規劃目標設定的廣度與深度提出下述運用原則：

（一）設定適合自己的目標

　　人生目標即追求安全與避免危險、培養感情與建立歸屬、遵守規範與約束自我、獲取成功與擁有權勢、發揮能力與實現自己。從各個角度分析出發揮自我能力的目標，也可藉由個人資產、性格、價值觀、量身作出最適合自己的目標。

（二）化為實際作法

　　當一個人覺得某個目標對他非常重要時，他想要獲得的慾望就愈強烈，其意圖性會引導他的生活或工作方向，也就是對某個特定目標的意向性，會使人的注意力與行為導向與此目標有關的焦點上。因此生涯規劃必須將此意向性化為實際作法。

（三）設定期限

　　人是複雜的動物，在各種意圖性衝突下，會使得計畫中抉擇具有趨避性，因此區分短、中、長期目標，或未來考慮想轉職的工作，作為生涯規劃中的設定期限，以階段性的成功體驗逐漸累積成就的意義。

（四）進行有效角色扮演

　　人的性格主要具有意圖性，也就是如果決定選擇某個有意義的目標時，就會表現出其意圖。這時可請信賴的友人來聽聽您的轉業計畫，並請友人對計畫大膽提出感想及批評，也可請生涯規劃專家擔任顧問角色，藉以了解你轉業計畫的缺點，以做為自己的參考。

第二節　生涯規劃的目標

　　士林夜市賣香腸致富的兩兄弟這麼說：「平時每月淨利約八萬元，年節時甚至超過十萬元。」兄弟兩人目前各有一輛賓士，在士林鬧區各有樓房一棟。收入不必繳稅，出入有名車，居有華屋，對一個年輕工作者而言，這大概是奮鬥廿至廿五年的總和。但是，夏天見到他們時，腳上一雙拖鞋，身上汗衫、短褲；冬天見他們，穿一雙布鞋，一套運動服，就這樣穿梭吆喝在人潮中，營生度日。

　　這樣的工作報酬固然會令人羨慕，但是工作的環境、性質是否也會令人嚮往？我想，這就是生涯規劃目標及價值觀的差異。環顧周遭，由於個人價值觀指標的不同，社會裡有高薪厚祿的追求者，也有理想色彩濃厚的奉獻者，你呢？如何將個人的潛質、價值觀充分地與原則貼近，方法雖多，但離不開學習、保持鮮活的思維、不忘終身學習和不斷進步，而這些都必須建立在生涯規劃的目標上。

一　有效的目標特徵

　　理想的生活應該具下列三種完整、清楚及合理的特徵，茲分述如下：

（一）目標涵蓋要完整

　　人生目標需涵蓋生活的各層面。一個生命體由出生、成長至死亡是一個連續的發展過程。經由個體與環境交互影響而產生生理及心理的改變。發展大致可分為六個方向：認知發展、生理發展、社會發展、身體發展、情緒發展、人格發展。這六種發展彼此相互影響，唯有生理、身體、認知、社會、情緒、人格均衡發展才是健全的人（圖 2-2-1），故人生目標需涵蓋此六個方向。

▲　圖 2-2-1　人生目標涵蓋方向圖

（二）目標要清楚

在生活周遭中有許多人做著同一件事，擁有許多相同的想法、技能或是職業，但是個人所要尋找的人生定位卻有極大的差異，各自發展出的意向，需要簡單深刻的方式傳達出個別性、獨特性的完整概念，亦即目標訂定要清楚。目標清楚表示有衡量的標準，儘量用數字或量化來呈現，避免使用「飛黃騰達」或「功成名就」此類模糊的形容詞。由生涯規劃目標概念圖來看（圖 2-2-2），目標清楚非一蹴即成，需經過內在價值信仰與自我觀察，接著探索心靈的過濾器及對外在情勢轉變有所體認，才能有新價值體系及塑造意向產生，經由內在反芻之後，就能有明確清楚的目標產生。

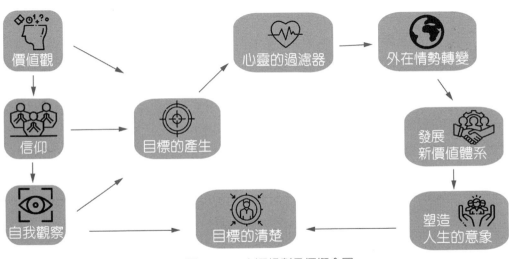

▲ 圖 2-2-2　生涯規劃目標概念圖

（三）目標要合理

在訂定目標時要注意的是，要個人能力可以達成的，例如：剛畢業就業的第一年，訂定要儲蓄十萬的目標比要存一百萬來得實際。不實際的目標只會造成自己不必要的壓力及挫折。目標並非訂定下後就不能更改，隨著對目標的了解可對目標做彈性調整。其次，目標最好訂得明確、當我們對自己人生使命、願景、目標都很明確，同時也很妥善運用自己的情緒、健康、人際、財富、事業、時間等六大資源後，我們要再學習一個如何讓我們更有效、更快速達成目標的方法，它就是目標管理。首先我們必須先問自己三個問題：

1. 有什麼要改善的？

2. 要朝什麼方向改善？

3. 要如何求改善？

因為目標及策略是可以改善的，當我們不斷的探索與反思，確認自己目標的價值性，並同時重視人生資源的使用綜效後，我們就會發現一個完整的想法和行動，根據上述落實於日常生活中，這就是有效的目標管理。因此，上述的三個問題，我們是要經常去探索與反思的，做的愈多，收益就愈大。

二 設立生涯規劃目標

生涯規劃的要素包含了願景、使命及目標。有效的目標特徵需具完整、清楚、合理，接著將探討我們是依何種取向來確立生涯規劃目標的設立。

（一）工作目標

學校生活提供個人在工作或職位上實踐能力多寡以及理想的啟發，這種對於工作的理想更是未來職業生活的工作目標。設立工作目標需考慮幾項要點：

1. 所需的技能、知識、資歷，是否具延展性。

2. 所需的勞務及產出的產品，是否具長期發展性。

3. 所設的工作環境以及工作程序，是否安全、合法具保障性。

4. 所需負責職務責任的程度，是否合理且具積極性。

（二）生活目標

生活目標的關鍵有時與能力、價值或年歲並無關係。舉例來說，有的教師以桃李滿天下為生活目標；有的則追求良好人際關係的建立；有的則想「教而優則仕」等有不同的生活目標。但是生活目標通常都是由需要和偏好著手，有五個問題需要釐清：(1) 你是誰？ (2) 要如何生活？ (3) 要在哪裡生活？ (4) 如何營生？ (5) 誰是夥伴？以便確認出生活目標及規劃過程中的位置。設立生活目標需考慮幾項要點：

1. 有效決策的擬定是否具合理性。

2. 客觀自我評估是否具方向性。

3. 蒐集生涯資訊是否具未來性。

4. 傳達技能興趣和理想是否具適切性。

5. 獲取工作適應與生涯擴展是否具目標性。

（三）進修與休閒目標

進修與休閒目標包括學位進修和一般講習、研討計畫，以增進自己的知識和技能為目標。休閒娛樂目標，用以調劑身心、減輕工作、生活中的壓力等。在設立進修與休閒目標時，需考慮幾項要點：

1. 改變自我刻板印象是否具協調性。

2. 培養某些較不明顯特質是否具調適性。

3. 增進技能、學習是否具趣味性。

4. 保持良好的健康和身材是否具活動性。

5. 增加活動參與是否具互動性。

6. 培養與計畫是否具長期性。

（四）退休目標

屆臨退休年齡時，應事先規劃好退休後的目標，參與社會服務，或是培養其他專長，以防止老化現象。在設立退休目標時，需考慮幾項要點：

1. 經濟是否具保障性。

2. 生理是否具運動維持性。

3. 心理是否具滿足性。

4. 社會角色是否具延續性。

5. 工作是否具被需要性。

　　從上述其實可以發現生涯規劃目標之間具有連帶關係，在目標上我們必須以工作目標的實踐為基礎的生存所需及立足的基石，而藉由生活目標及進修與休閒目標，逐漸提升生涯的層次，最後才能建構安全的退休目標（圖 2-2-3）。

▲ 圖 2-2-3　生涯目標型態圖

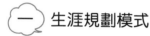第三節　生涯規劃的歷程

　　人生發展歷程的整體規劃，基本上包含三個部分：第一個部分是有關個人的「生存問題」，也就是個體能具有安全生存下來的基本能力。第二個部分是有關個人的「生活問題」，指個人能夠妥善規劃屬於自己的生活、解決生活上所遭遇的問題，進而能夠擁有美滿的生活。第三部分是有關個人「追求生命意義」的問題，指個人如何使自己生命的意義得到充分的開展，而這有賴生涯規劃的成功。探究其成因則須從知己、知彼、抉擇目標與行動開始。

一　生涯規劃模式

　　生涯規劃的模式是從生涯規劃目標為中心，不斷由人與自己、人與環境、人與工作三者彼此交織出生涯決定以達成生涯規劃目標（圖 2-3-1）。

　　生涯模式由三個三角型的內涵所建構而成：第一個三角形，人與自己主要了解自己的性向、興趣、需求、能力、價值觀。第二個三角形，人與環境亦即探索自然、家庭、社會對於人生的意義與價值。第三個三角形，人與工作所建構成功的鷹架，則須有學習、資訊、技能等基礎能力。生涯規劃模式是這三個三角形彼此互相激盪做出當下的生涯決定，以便一步一步邁向生涯規劃目標。

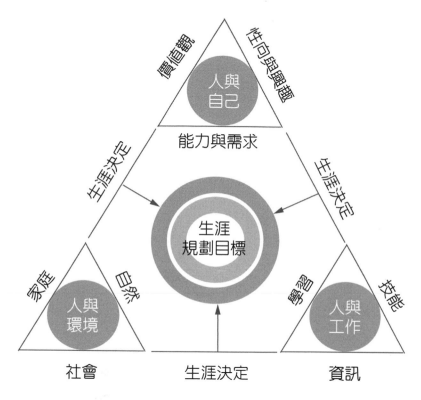

▲　圖 2-3-1　生涯規劃模式

二　生涯路徑規劃

　　生涯路徑規劃是為確保生涯向上流動與職業升遷，因此生涯路徑應考慮自己的人格特質；未來生涯目標擁有的資源與機會；發展與順序先後；資訊及資料如何蒐集；次目標的備戰行動。因此生涯路徑的路線圖，源自個人對自我成功高峰體驗的追求，是自然而生的動力，綜合自我能力的增強經驗的累積，教育的學習，社經地位的體現及資訊蒐集分析評估，而成為一種生涯路徑。驅動生涯路徑有三種形式。

（一）職位取向路徑圖

　　主要以工作成就為生涯追求重點，大致以基層職位、中層主管最後是高層領導，其進展速度則看個人工作能力與人際環境等因素決定，而其主幹路徑大致如圖（圖 2-3-2）。

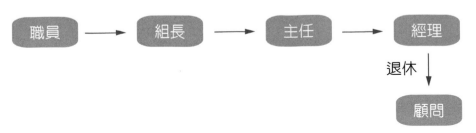

▲　圖 2-3-2　職位取向主幹路徑圖

（二）目標取向路徑圖

　　是以生涯中的目標達成為主要方向，因此興趣與專長培養，為個人學習與積極前進的動力，其生涯路徑圖就不像職位取向一般有明顯的主幹，大致呈現網路圖，如以一位喜好攝影者為例（圖 2-3-3）。

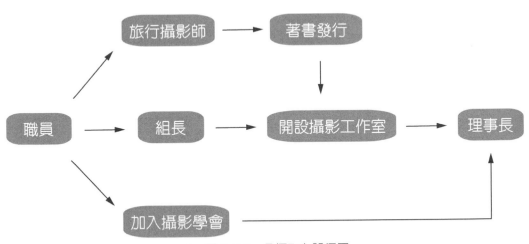

▲　圖 2-3-3　目標取向路徑圖

（三）決策取向路徑圖

主要為考量機會成本的選擇，而使決策能獲得較大利益點，因此對於外在環境因素的考量非常重要（圖2-3-4）。

生涯路徑的規劃為個人自我實現的依循。如何讓自己發現人生積極的獨特驅力；發覺自己天賦潛藏能力，在每個生涯路徑中的徘徊有時必須遵照社會體制規範、價值觀，就如同中學畢業生在升學之間考量一樣，須在教育體制的規範下進行生涯路徑的規劃，生涯路徑雖有千百條，但每一步的決定都會影響下一步的方向，因此生涯路徑規劃並無既定，也無固定，端賴個人對生涯的選擇。

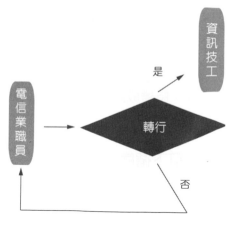

▲　圖2-3-4　決策取向路徑圖

第四節　成功生涯的規劃步驟

在充分了解生涯規劃的內涵之後，才能思考如何成功的生涯規劃，而一個成功的生涯規劃，應隨時在生涯決策點做以下五個步驟的思考：

了解自己是否發揮所長

規劃生涯首先應考量自己的職業性向，在理、工、農、醫、文、法、商、軍、公、教等各類職業中自己能勝任什麼工作，切忌好高騖遠，企求名利，把目標訂得過高，卻忽略了自己的性向與專業，即使努力不懈、辛勤有加，亦難以奏效。

二 慎選真正有利的機會

規劃從事任何工作之前，宜先評估本身的生活背景和目前與可預期的社會變遷，能勝任什麼工作，進而廣為蒐集從事該類工作所需的資料，據以充實本身條件，時機成熟時，再密切注意社會脈動，掌握機會勇往直前，否則可能徒勞無功。

三 訂下循序實現的大目標

機會抓住了，就宜依據現況分別釐訂短、中、長程的生涯規劃，循序逐步實踐。凡僅有計畫而無目標者，只知盲目的往前衝，如此則難有成就，必將半途而廢。

四 有效率的工作

抓住機會，掌握了目標，按計畫逐步實踐，在工作上不斷的求新求變，講究效率、提升績效，虛心的充實自己專業，方能保有一席之地，不致在競爭中因效率低落，而遭淘汰。

五 適度調整生涯規劃內涵與目標

生涯規劃理應依社會變遷，與個人不同的成長階段而隨時調整。若因對社會的認知廣度與深度都不足，本身在各方面的條件均有限、成熟度不夠無法深思熟慮，再加上處於如此快速變遷環境中，若對自己的生涯規劃未能因應需要適時調整，實難以適應。

本章摘要

1. 生涯規劃的要素包含願景、使命及目標。

2. 願景思考面向：思考未來（future orientation）、採取長期觀點思考（long-term perspective）、採取理想化思考（idealization）。

3. 生涯規劃目標設定提出下述運用原則：設定適合自己的目標；化為實際作法；設定期限；進行有效角色扮演。

4. 生涯發展大致可分為六個方向：認知發展、生理發展、社會發展、身體發展、情緒發展、人格發展。而這六種發展則彼此相互影響，故唯有生理、身體、認知、社會、情緒、人格均衡發展才是健全的人。

5. 人生發展歷程的整體規劃，基本上包含三個部分：生存問題、生活問題、追求生命意義。

6. 驅動生涯路徑有三種形式：職位取向路徑圖、目標取向路徑圖、決策取向路徑圖。

7. 生涯決策點做以下五個步驟：了解自己是否發揮所長、慎選真正有利的機會、訂下循序實現的大目標、有效率的工作適度調整、生涯規劃內涵與目標。

本章問題與討論

1. 試述個人生命歷程中，應具備生涯規劃的要素與原則。

2. 針對時代不斷的進步、社會愈來愈多元，請說明生涯規劃目標的取向及應考慮的要點。

3. 找出生命中具體事例，說明生涯規劃的影響。

4. 如何運用生涯規劃的理論，有效地規劃自己的生涯。

筆記頁

Chapter

03

如何做好生涯規劃

一、生涯規劃的策略
二、生涯計畫的訂定
三、生涯規劃的注意事項

　　一個人出生時無論是男是女、是醜是美、是健是疾，以及成長後是成是敗、是貧是富、是苦是樂，都是必須自己走的人生道路。因此，要想使自己的人生道路走得順暢，甚至對家人、對社會有所貢獻，就必須對自己的生涯即早做規劃。

第一節　　生涯規劃的策略

　　生涯包含學習、發展、知覺、角色認知、探索、教育、工作、敬業等內涵。生涯規劃則是個人從內在、外在找到自我學習、生活工作上的平衡點，選擇一種生活方式，把學習、工作與生活理想結合在一起。孔子的「三十而立，四十不惑，五十知天命，六十耳順，七十能從心所欲而不踰矩。」可說是生涯規劃的典範。由此可看出生涯規劃的三個要項：(1) 生涯的發展是一生連續不斷的過程；(2) 生涯包括了個人在家庭、學校、社會和工作、休閒等活動的經驗；(3) 生涯規劃是有目標性和階段性的。

　　但每個人生活中有太多的情況需要我們做抉擇，因為不管是環境或個人，都有改變的需要與壓力。而策略就是把價值、目標、資料和可能的冒險變成一項決定的計畫，即是計畫的實現。策略也可說是在競爭的過程中所做的取捨，因為未來是不確定，策略像是分析和預測未來狀況，評鑑處理能力後所畫出人生的道路圖。

一）生涯策略的意義與內涵

　　生涯策略是為了達成特定生涯目標而提供有關方向、時間安排及一連串有關的工作計畫、教育及發展經驗之計畫步驟（Gutteridge & Otte, 1983）。這個過程可能是緩慢而充滿挫折的，也可能是經過詳細規劃，使人的生涯在發展過程中所遭受到的阻力最低。

　　生涯策略之主要內涵是在確認個人的生涯目標，整合自己所擁有的資源，再設定達成目標的方針與行動方案。個人心理特質會影響一個人生涯策略的選擇，而成就動機就是一項重要的心理特質因素。徐甄慧（1998）指出成就動機指個體在從事其認為重要或有價值的活動時，想要以更快、更有效率的方式，或是比別人做得更好、更完美的一種慾望或傾向。而相關研究顯示喜歡運用生涯策略的人，在性格方面，具有目標取向、行動取向、現實取向、未來取向、願意冒險、富於彈性及創造力等特徵。而這些特徵和高成就動機者之行為特質頗為類似。

故要在人生中脫穎而出，要利用生涯策略分析，找出最適合自己特質與工作情形之事業生涯策略，從長遠的觀點來計畫自己的前途，擴大自己的生涯發展範圍及創造潛在能力，巧妙地配合應用策略，必能減少一些不必要的限制與障礙，而有更為迅速成功的生涯發展前景與機會。

（二） 生涯決定策略的類型

一個有效的決定，通常要把個人、他人及環境的各種資料、情形做通盤考慮，才是最周到的。生涯的決定策略大致分為下述幾種類型：

（一）依賴型的決定策略

這是一種最容易的決定策略，需要做的只是順從別人的抉擇，讓別人做決定，例如：醫生建議你，你的病需要住院開刀，而你卻沒有足夠的知識、資料來參考時，你只好依醫生的判斷來做決定了。假如是由於害怕自己做決定，或嫌麻煩的話，就成了自我傷害，並引致不愉悅的結果，所以它不是一種有效的決定策略。

（二）直覺型的決定策略

採用直覺型決定的人是所謂直腸子型的人，他們以個人的內在體系來判斷事物，花費很少時間去蒐集資料或做理性的思考，只要感覺是好的就行了。如果採用此型的話，則結果必然不理想，因為直覺反應常受個人偏見的影響。

（三）計畫型的決定策略

計畫型的決定包括探索個人自身及環境雙方的需求，並針對不同的選項分析其利弊得失才做決定。這種決定方式並不排除考慮個人的感受或專家的意見。

（三） 生涯策略的擬定方式

成功的策略須包含四種層面：期望、安全、避免、綜合，即係指由期望中選擇自己最想要的、最希望得到的，如待遇最好或工作環境舒適等；或在確保自己位置的安全，如哪個工作最安全、最有保障、較易成功、不易辭退等。茲將各學者提出有利於個人生涯進展的策略整理如后。

（一）古德與潘利（Gould & Penley, 1998）歸納出幾種有利於個人生涯進
　　　展的策略，如下七種論述：

　1. 創造機會可從三方面著手：眼光要放遠、充實自己、造就情勢。可使個
　　　人在事業或前途上的選擇愈多，發展的機會就愈大。

　2. 工作投入：工作投入是為了使個人的工作績效超過同儕，顯示個人對組
　　　織的忠誠，和負責認真的態度，因此須全力投注於工作上。

　3. 意見一致：當自己的意見和態度與團體一致時，通常可預期自己在追求
　　　目標的工作情境中，將比意見不一致者更容易合作。

　4. 毛遂自薦：讓主事者知道你期望往哪方面發展，並把握機會，適時地表
　　　達自己對晉升的慾望。

　5. 尋求指導：尋求工作上良師的意見、忠告或指導，有助於個人做出正確
　　　的抉擇，使生涯進展上避免不必要的迂迴與阻礙。

　6. 建立網絡：是指個人在組織內或組織外，發展屬於自己的系統或班底，
　　　以便互通聲息，相互援引。

（二）黃英忠（2002）以兩性工作平等觀點提到四點生涯策略的擬定方式：

　1. 觀念上的改變：破除自我設限，追求自我實現，讓未來的生涯更為寬廣
　　　與無限。

　2. 訂定生涯計畫：堅持並實踐自我的方向與目標，考慮未來可能出現的困
　　　難與瓶頸，儘早安排處理方式，讓生涯的發展更為順暢。

　3. 掌握時間管理的技巧：個體想在有限的時間內，完成多重角色所需完成
　　　的任務，因而時間管理的運用技巧，益發顯得重要。

　4. 培養多元特質：個體若能兼容並蓄多元特質，則有利於適應組織中生存
　　　與發展，使自己更能適應社會環境的變遷。

（三）張添州（2000）對生涯發展的省思亦提出七項策略，藉由生涯的認
　　　知、探索、選擇、規劃、決定及生涯目標的追求等過程加以實現，以
　　　利個人的生涯發展：

　1. 培養正面的態度：發展積極而非情緒性反應的態度。

　2. 自信心：相信自己會成功而在犯錯時能虛心檢討，並深信自己下次會更好。

3. 高瞻遠矚的眼光：試著將自己目前的遭遇放在整個生涯的架構中來看。

4. 擴展人際網路：尋找可以教導、關懷、個人的良師為友。以增進新知識與技能，並獲知工作領域中最新發展訊息。

5. 積極學習與成長：主動學習以拓展心胸，並且強化生涯條件。

6. 客觀評量處境：處境的客觀評量可及早發現生涯警訊，方能防範於未然，化危機為轉機。

7. 適時自我推銷：自我表現與成就適度引起公眾的注意，有時受到注意也可帶來成功的機會。

第二節　生涯計畫的訂定

　　不分男女老幼，小至販夫走卒，大至商業名人、政界領袖，甚至家庭主婦、在校學生等，都可以規劃自己生涯的每個階段（諸如教育、結婚、生育、養育、再訓練；職務異動、升遷等）。欲使生涯規劃得宜，得善用環境資源，確立自我方向、目標與價值觀念，藉由生涯選擇、生涯規劃及生涯目標的實現，創造競爭之策略優勢，發揮個人潛能。

一　生涯訂定的原則

　　要如何訂定生涯計畫呢？建議可試著思考下列問題來構思生涯計畫：

* 計畫有何理由？
* 計畫有何意義？
* 計畫有何希望？
* 計畫有何改變？

* 計畫有何影響？
* 怎樣獨特不同？
* 願景如何？

　　一個計畫成功與否的重要因素並不在於人力與物力，而是在於是否有來自過去的經驗中反省與學習。訂定生涯計畫應能謹守下列三個原則：

（一）掌握 SMART 原則

　　缺乏計畫或計畫欠妥，易造成資料不全、條理不清、缺乏順序。所以需擬定計畫可配合目標設定，掌握「SMART 原則」，亦即生涯計畫要「具體」（specific）、並使之「量化」（measurable），且計畫是「可行的」（attainable）、並「合理的」（reasonable），而生涯計畫更要能掌握「時間」（time）。

（二）運用計畫原理

　　透過事先計畫的擬定，可以掌握工作方向和時間的控管，以確保工作的完成。故生涯計畫應特別注意計畫的意義、內容、程序，在行動前事先擬定，使策略、行動方案與目標有效達成。

（三）注意各項限制因素

　　在實際生活中，任何資源皆是有限的，不論是物質、人力或是時間，都必須要謹慎的處理，不可形成浪費。一般來說，一項工作的完成，必須在時間、人力、物資和效果上妥善的安排，雖然要同時滿足各種條件是非常困難，然而中間的權衡取捨卻可以做相當的安排。而在做資源安排時，應注意下列的各項限制因素：

1. 資源的獨特性。
2. 資源使用的優先順序。
3. 是否有互相排斥的資源。
4. 資源的代替性。

5. 資源分配上的適時性。
6. 資源分配的區域性。
7. 資源使用的長短。

二　如何訂定

　　生涯計畫一般分為短、中、長程計畫。近期計畫是準備階段，或稱進入社會的紮根期；中期計畫是發展階段，著重吸取相關專業知能或累積工作經驗；長期計畫則是建立階段，個人於此完成了自我期許的目標或人生目的。

　　在進行計畫的訂定前，首先得將生涯目標明確列出並分歸類為長程、中程、短程三種不同時程的目標，接著列出該目標所應具備的能力、技術及時間等相關因素加以評估衡量後，最後將各目標分別列入長程、中程、短程計畫或每日預定計畫之中（圖 3-2-1）。

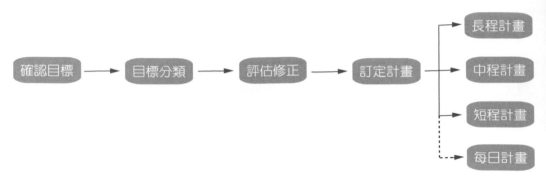

▲ 圖 3-2-1 生涯計畫概念圖

（一）短程計畫目標

通常大約是一個月至五年之內的計畫，是切實可行且十分具體，例如：修習某一外語、技術等，繼續進修學位、學習電腦、國外旅遊、參加高等考試等，都是屬於較短程的目標。

（二）中程計畫目標

這是為今後五年至十年左右而訂的，包括個人必須接受的訓練或教育，例如：晉升為「主任」，由私立學校轉到公立學校任教等。

（三）長程計畫目標

即個人所希望達到的人生理想及擁有的生活型態。一般大都超過十年以上，必須經過長時間努力或激烈競爭後，才能達成的目標。可以設定某一年齡達到此一目標，例如：四十歲期望當上校長、督學；或四十五歲擔任局長、或到大專院校任教等，均屬於長程規劃。

（四）每日計畫目標

1. 迷你計畫目標：這大約是一天至一個月內的計畫，例如：唸完某一課外書，或完成英打、中文電腦之基礎訓練等。

2. 時分計畫目標：預習或複習某一章節的內容。

生涯發展計畫的各階段的時間調配，並無一明確的準則，可依個人狀況來衡量調配，來擬定個人的生涯計畫。

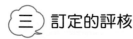 訂定的評核

　　評核就是評估與考核，乃係運用社會科學的研究程序，對特定計畫概念的形成、內涵的設計、實際的執行以及效用的達成，進行研判以便預做下一次計畫的參考。生涯評估項目如下述。

1. 是否正確地評估自我的能力：包括性向、才智、志趣、健康等狀況，均應該正確而有效評估。

2. 是否能全面地認識所處的各種環境：舉凡時代發展趨勢、社會型態的演變、人際關係及自我所能掌控的資源等，均應該全面的認識。

3. 是否有確切地檢討過去：目的在於集結既有的優良條件，消除以往習慣上的缺點，期能去蕪存菁，以利再接再厲，開創嶄新的局面。

4. 是否能合理地掌握現在：亦即「往者已矣，來者可追」、「二鳥在林，不如一鳥在手」，不必追悼過去，也不用幻想未來，要能訂定自己能力可以把握的，經由現在的辛勤耕耘，未來才能獲得豐碩的成果。

5. 是否能長遠地考慮未來：必須要把眼光放遠，策劃要周詳，不可有因循苟且或是得過且過的不負責心態，切記不要有船到橋頭自然直的僥倖想法。另外須在資料蒐集後進行分析活動，以期發現問題提供改善策略執行，以增進生涯的效能和減少對生涯目標的影響，生涯資料評估包含：(1) 系統性的蒐集資料；(2) 以社會科學的研究方法來從事研究；(3) 其活動方案是在評定是否有效及影響；(4) 其最終目的是在提出執行計畫的修正、持續、廢止等意見。

　　生涯規劃評鑑的目的，在於對整個生涯發展規劃的步驟與策略進行必要的檢視，將資料做為回饋，配合時勢脈動做調適修正，使生涯發展目標更具效率。

第三節　生涯規劃的注意事項

　　個人的能力、專業的知識技能、人際關係、性向與興趣、重要的關係人物與外在的大環境等也是影響生涯規劃的因素。面對生涯規劃最重要的觀念是，知道自我能夠且在意什麼，有良好的內在與外來助力，待合適的機會一到來，自然就能夠水到渠成。而生涯規劃的目的是突破障礙、激發潛能、自我實現，但在擬定生涯規劃時仍應注意下列事項：

 一　生涯規劃前

　　生涯規劃是為個人訂定生涯目標，找出達到目標的手段，其重點在於確保個人能在目標內使實力、目標與機會達成更好的契合，不會因為年齡及成長階段、環境等的不同，以及所扮演的角色及所擔負的任務而有所中斷。能面對現實審慎規劃，將有助於個人充滿希望與信心，並產生有目標、有優先順序的步調。在規劃生涯前，應檢視自己是否已完成下列工作：

1. 搜集並分析資訊。

2. 選擇優先次序，敲定價值與目標。

3. 辨識並評估各種方案的可行性。

4. 規劃與決定行動步驟。

5. 努力達成目標，並適時修正目標。

6. 將結果與原訂目標比較。

二 生涯規劃時

生涯規劃時應注意的事項：

1. 確認自我的生涯發展目標，個人要成為生涯規劃的主宰者，八成由自己來決定自我的生涯規劃。

2. 了解自我的相關性向、興趣、經驗、技能、價值觀，成為自己生命的主人，不要受到別人的影響，才能真正規劃自我美好一生的藍圖。

3. 考慮各種可替換性的活動並以真誠的服務作為生涯規劃的重心，使自我的生命更加充實、更光輝。服務是要戰戰兢兢地完成每一件事情。所謂「服務的人生觀，付出得愈多，回收也會愈多。」

4. 選擇未來發展的優先次序，建立發展與執行的計畫要想成功，最重要的是要有信心、要有希望。

三 生涯規劃後

　　生涯規劃也可讓個人透過自我、機會、限制、選擇與對結果的了解，以確立與生活有關的目標，並且根據個人在工作、教育與發展方面具備的經驗，規劃具體步驟，達成生涯的目標。對個人而言，有了生涯規劃，便有了努力、奮鬥的目標，不再猶豫徬徨，不再迷失自我，不再消極頹廢，使生命有了意義，生活有了重心，化被動為主動，化消極為積極，以求自我的成長與實現。

（一）認清自我

　　認清自我是生涯發展的首要工作，千萬不能把自我的能力評估得過高或是過低，形成自大或自卑。應用誠懇的方法以衡量自我的能力，並腳踏實地按照能力以完成工作獲致成就。

（二）認真學習充實

　　例如：畢業後參與工作，可先到國營或大型的公司工作，期間約三、五年。因為大型公司的工作要求較高，學徒式的嚴格啟發訓練，對日後的工作態度有幫助。同時，在大型公司的工作內容較廣且深，有利於工作經驗的吸收。

（三）積極主動推銷自己

要能把握住各種機會及善用各種管道以推銷自我，使大家對你的能力有所了解，進而肯定你，而願意幫助你。推銷自我的方法，如主動參加社團、演講會、座談會、發表文章、創新發明、力求績效表現等。

（四）為生涯定位

在三十五歲以前，或許可以遊走各家公司，以比較不同型態工作環境的差異，增加歷練；在三十五歲後，就應該對自我生涯加以定位，確定未來的發展方向，而不能再任意更動工作了。

生涯規劃不僅是事業、職業的追求，重要的是生活型態的選擇。透過生涯規劃注意事項，使自我面對內在的特質、背景、需求、性格等，能產生更謹慎的生涯規劃。

本章摘要

1. 生涯規劃是個人從內在、外在找到自我學習、生活工作上的平衡點，選擇一種生活方式，把學習、工作與生活理想結合在一起。

2. 生涯規劃的三個要項：(1) 生涯的發展是一生連續不斷的過程；(2) 生涯包括了個人在家庭、學校、社會和工作、休閒等活動的經驗；(3) 生涯規劃是有目標性和階段性的。

3. 生涯策略即是為了達成特定生涯目標而提供有關方向、時間安排及一連串有關的工作計畫、教育及發展經驗之計畫步驟。

4. 成就動機是一種衍生動機，是學得的，具有社會價值的意義，且常因時間、空間、社會背景及文化型態而顯著差異。

5. 生涯的決定策略大致分為下述類型：(1) 依賴型的決定策略；(2) 直覺型的決定策略；(3) 計畫型的決定策略。

6. 有利於個人生涯進展的策略，有：(1) 創造機會；(2) 工作投入；(3) 意見一致；(4) 毛遂自薦；(5) 尋求指導；(6) 建立網絡。

7. 生涯計畫應能謹守下列三個原則，如此一來才能使生涯計畫更有意義：(1) 掌握 SMART 原則；(2) 運用計畫原理；(3) 注意各項限制因素。

8. 生涯評估項目：(1) 是否正確評估自我的能力；(2) 是否能全面認識所處的各種環境；(3) 是否有確切的檢討過去；(4) 是否能合理掌握現在；(5) 是否長遠地考慮未來。

9. 規劃生涯前，應檢視自己是否已完成下列工作：(1) 搜集並分析資訊；(2) 選擇優先次序，敲定價值與目標；(3) 辨識並評估各種方案的可行性；(4) 規劃與決定行動步驟；(5) 努力達成目標，並適時修正目標；(6) 將結果與原訂目標比較。

10. 建立新的生涯規劃須注意完成下列事項：(1) 認清自我；(2) 認真學習充實；(3) 積極主動推銷自己；(4) 為人處事生涯定位。

本章問題與討論

1. 何謂生涯規劃策略，並說明生涯策略類型的特徵。

2. 試擬定一個生涯目標，並擬定長、中、短、每日計畫目標。

3. 說明生涯計畫的訂定原則及如何運用於個人生涯規劃上。

4. 說明生涯規劃應如何評估及應注意的事項。

第二篇

「專心」看自己

- 自我性向的探索
  - 人生的三階段
  - 認識自我
  - 認識自我風格

- 自我能力的了解
  - 建構成功生涯能力要素
  - 活化資訊的能力
  - 學習「學習的能力」
  - 獲取實用知識的能力
  - 學習新的調適能力

- 自我情緒的調控
  - 情緒的種類
  - 揮別生活的怒氣
  - 管理自己的情緒
  - 自我情緒的調適方法

- 人格特質的建立
  - 人格的概念與認知
  - 人格探索與生涯路
  - 自我人格特質檢測
  - 探索內心的真正需求

Chapter

04

自我性向的探索

「認識自己」是古希臘哲學家蘇格拉底的一句名言。了解自己的思路歷程，真實面對自己的內心世界是非常重要的事。

第一節　人生的三階段

　　每個人的自我概念從出生就逐漸形成，而對個人發展最具影響力的因素，是社會性和文化方面的因素，例如：在嬰兒期或兒童早期，我們從別人對我們的笑與讚美中，了解自己為他人所接受。我們模仿兄弟或成人，並很快的接受家庭中的信念和生活方式。進入學校裡，我們很快就學會了適應讀書是每天的常態工作，而休息是應該在努力用功之後才有的。因此，工作的態度、倫理，在早期生活中就影響我們了。

　　到了青少年階段，我們開始考慮未來，思考在高中畢業或大學畢業後要賴何為生？有時這個抉擇早就預定好了。我們會嘗試參加各種不同的社團活動，並培養出各種嗜好、工作、角色和交往關係，漸漸地，我們從中發展出較穩定的興趣和價值型式，並且以此做為我們抉擇或決定生涯的依據。

　　而成人早期的壓力是為自己做決定並去實現所做的決定。「當你長大後，你要做什麼？」不再是好玩的問題了，它變得嚴肅且迫切。此時我們被期待自己做決定，但又感覺自己尚未準備好。對於這個自由抉擇權，個體的因應方式有很大的不同。有人接受它的挑戰，勇敢地做了決定；有人逃避它，不敢做決定；也有人保持開放的狀態，做暫時性的決定與投入。

　　人的一生大概可以分為三個階段：

（一）依賴期（0~25 歲）

　　剛出生嬰兒、學生、銀髮族都屬於被奉養的人，因為沒有賺錢能力，可是費用依然存在。有時這個抉擇早就預定好了。嘗試參加各種不同的社團活動，並培養出各種嗜好、工作、角色和交往關係，漸漸地，從中發展出較穩定的興趣和價值型式，並且以此做為抉擇或決定生涯的依據。

（二）責任期（25~55 歲）

　　著重於個人發展，而由於生命廣度的增加，個人所扮演的角色相對也會增加，例如：職員、愛好者、父母、社會促進者等，因此責任期須擔負角色中的責任，而在此是以職涯說明此階段的進程。

（三）退休期（55~78歲）

是儲備退休的能量以及擁有豐富的退休生活。尤其二十一世紀，醫藥發達、生化科技進步，人類壽命延長，在以前「養兒防老」觀念要改成「老防兒養」，因此為退休生活未雨綢繆，是每個人應該有的觀念和規劃。

正確的決定建立在對自己特質與環境狀況的透澈了解。自己是個怎樣的人，擁有什麼，欠缺什麼，重視什麼，不能做什麼……，這些都是決定你將來做什麼工作，過怎麼樣型態生活，從事何種休閒的重要元素，因此對自我的探索，是決定生涯中重要的工作之一。

第二節　認識自我

自我認識必須要「了解潛質」，才能求「能力的發揮」；在知己方面，你必須要仔細審視個人的價值觀、能力及條件專長；生命中充滿各種抉擇，做自己擅長的事就是通往成功的捷徑。因此，認識自我的三大核心就是潛質與能力、價值觀、原則。

1. 潛質與能力：潛質（potentiality）意指人類天賦而得，隱而未見（latent），可能展現（manifest）的能力與素質，能助人成長發展。包含人的道德情操、生命韌力。

2. 價值觀：一個人價值觀的養成受家庭環境、教育背景、成長過程與文化塑造等因素所影響，具有下列特性：由於是學習而來的，所以會改變；也由於是因人而異的，所以是主觀的；且會受地域限制，所以不一定經得起時間的考驗等。

3. 原則：原則具有幾個特性，即是自然法則，是真理，所以是不可改變的；不因人而異，是客觀的；放之四海而皆準，同時經得起時間的考驗。

　　所謂的因果循環、邪不勝正等，都符合上述三項特徵的原則，如果我們將行為的「價值觀」能結合到原則的層次，將使我們的適用性更寬廣、格局更大、內心裡更舒坦，而言行更能趨於一致。

　　生涯發展的三要素為「知己」、「知彼」、「抉擇與行動」，然而當我們經歷生涯的時候，往往不知道自己的需求與條件，甚至對外在的工作環境欠缺了解與認識，因此在抉擇上就常呈現過多的迷惑與徬徨，所以需從「認識自我」開始。而如何開始認識自我，則須從自己的興趣、需求、工作價值、能力等方面綜合了解，進一步思考可以做什麼、能夠做什麼、應該做什麼，茲分述如下：

1. 了解自己的興趣：所謂興趣是指個體的喜愛，或對某事物的關心與好奇等。個體發展過程中，會產生某些新的興趣，這些興趣會終生同在，卻也有些會有所改變。

2. 了解自己的需求：即為人的生活目標或行動方向是其內心需求的具體表徵。如果自己在工作中得到滿足，就會覺得生命很充實、有意義。

3. 了解自己的工作價值：每個人在工作中所重視的不同，有人重視報酬的高低，有人重視環境與否，或老闆是否賞識，或同事之間相處如何……，這形成了每個人不一樣的工作價值觀。

4. 了解自己的能力：能力一般可以分為普通能力，另一種是特殊能力。普通能力是學習任何事物的最基本能力，在生涯抉擇中是很重要的決定因素。個人有哪些能力，決定了可以往哪些方向發展。

5. 了解自己可以做什麼：亦即環境中的挑戰與機會，是指個人成長的環境、學校環境、技術環境、經濟環境、政治環境和社會、文化環境。考慮環境因素之後，了解其對自身的衝擊與影響，並明辨環境的挑戰與提供的機會。

6. 了解自己能夠做什麼：每個人有自己的長處，也有比較不足的地方，也就是長處與限制。因此配合環境狀況，選擇適合自己的長處去發揮，而不必拿自己的短處去碰壁，所謂避輕就重，就比較容易成功。

7. 了解自己應該做什麼：在每一個團體或社會中，都有其獨特的規範、文化或風尚，個體必須生活在這些規範、文化或風尚中才能被團體接受，也才會有歸屬感。因此，可由社會價值與生涯策略的關係了解自己的責任與義務。

生涯本是一段艱困的歷程，也是一條永無止境學習發展的創造之路。在坎坷不平的路途中，面對橫逆、遭遇挫折在所難免；唯有忍受挫折、克服困難，自我肯定者，方能增加成功的勝算。生涯發展儘管陰晴不定，重要的是能夠不失落自我，不斷的自我惕勵，時有所領悟與啟示、學習與精進，必增添自己生涯發展的寬度，達成下列四大目標：

1. 充分了解自我：自我認知是生涯規劃的基石，關係著生涯發展成功與否，使自我的潛能在生涯發展的歷程中，獲得最有效的發揮與運用。

2. 提升樂於投入工作的意願：從工作中獲得成就，滿足自我，進而發展自我，實現自我。

3. 針對社會的變遷與工作環境改變：在工作與需求之間作最適當的選擇與調適，能兼顧個人及社會的需要，建立積極進取、努力不懈的生活態度，以豐富生活內涵，提升自己的生活素質。

4. 激發自我潛能：以成長自我、肯定自我，增進生涯發展，提高生命的意義與價值。

第三節　認識自我風格

人的天性並不會隨著理智的判斷而改變，我們必須認識各種心理現象，才可能完全認識自己。這些心理現象或天性無法經由推理或猜測來發現，必須經由對內心的思考，方能了解自己。

範例一　跌倒時，感覺到痛。在這個層次上，的確認識自己。

範例二　當吃蛋糕時，會先想到蛋糕的畫面和彷彿嗅到它的美味，在這個層次上，大多數人也還是認識自己。

範例三　「小偷」是很負面的語詞，沒有人喜歡被當作小偷，即使是以偷東西為業的人，也會有另一番說辭，而否認當小偷是其天生的人格特質。

範例四　發現班上有小偷偷東西時，就會覺得這個人本性不好，喜歡偷別人的東西，覺得他是一個低等的人。這樣的社會價值觀讓我們無法接受自己的天性其實就是小偷。

　　除了偷的慾望，每一個人都會有「害怕」的心理現象，每一個人都會怕打針、怕黑、怕鬼、怕死、怕痛，每一個人都有好逸惡勞的心理現象，每一個人都有喜新厭舊、欺善怕惡的念頭，每一個人也都有忌妒、自私、貪婪、歧視窮人、憂柔寡斷、以及利慾薰心的天性。然而，這些並沒有什麼好在意，因為天性無法主宰一個人，許多的價值觀使我們不敢正視也不敢面對，更不敢承認我們的天性，而導致我們潛意識的「自我否認」，如此的心態阻礙了我們對自我的了解。

　　因此須藉由他人觀感更認識自己，簡單地說，就是你的言行舉止對其他人造成何種影響，也就是指他（她）行為中所展現出的強勢與反應行為模式，幫助我們預測一個人喜歡用哪種方式與人相處，而更能認識自己。但有幾個名詞需先認識：

1. 行為：行為是一個人顯現於外的言行舉止，也就是一個人生活的外在體現。

2. 模式：是兩個或兩個以上整齊而一致的特徵。

3. 習慣：指一個人一而再，再而三，日復一日重複所做的事。換言之，就是我們毋需多加思索而做出的事，也被稱為「第二天性」。

　　Bolton 夫婦曾提出「人際風格」的概念（social style concept），可以多了解自己和別人的基礎。他們是以一個人的行為「果斷力」和「反應力」為指標，將人際風格分為：分析（analytical）、平易（amiable）、表現（expressive）、和駕馭（driver）四種類型。人際風格的指標與類型（圖 4-3-1）。

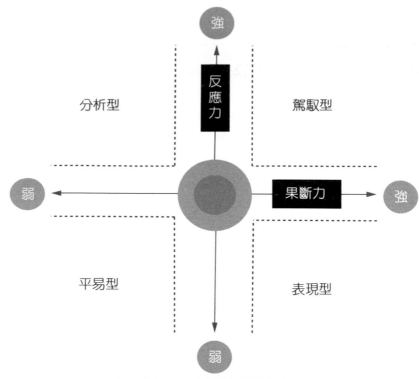

▲ 圖 4-3-1　人際風格的指標與類型

所謂行為的果斷力，指一個人外在行為所表現出來的強硬與明確的程度；行為的反應力則是指一個人表現出來的情緒化反應，或控制情緒的能力及程度。從這兩項指標所形成的四種人際風格，通常具有以下不同的特質：

1. 分析型：這種人通常喜歡以精確、深思熟慮和按部就班的方式做事，比較可以控制自己的情緒，當然也有可能趨向比較保守而固步自封的個性。

2. 平易型：這類型的人對事物的反應較一般人為強，較能設身處地為別人著想，但也可能因過於隨和，而容易順從或遷就他人。

3. 駕馭型：果斷力強能輕易抓住重點，簡明扼要的表達自己的意見與需求，較能掌控自己的情緒，但有可能因為過分追求效率，而趨向專權或無情。

4. 表現型：這種風格的人不僅果斷力強，且喜歡以創新的方法處理問題，懂得如何情緒化的表達自己，願意冒險來爭取機會及實現美夢，而最容易發生的問題可能因好高騖遠而較不切實際。

　　風格之所以可以被預測，是因為某些行為有一致性。屬於同一種模式的行為，不但有關聯性，也有一致性。人類的風格並不會處理個人的內在思想、內在感覺、價值判斷等問題，所以並不鼓勵使用這個模型的人去探索同事的內在心理，而是教導人如何去解析個人展現在的外在行為，但並不表示你就可以預知別人的一舉一動、就可以成功地猜到別人的反應。

本章摘要

1. 每個人的自我概念從出生就逐漸形成，而對個人發展最具影響力的因素，是社會性的和文化方面的因素。

2. 自我性向的探索就是了解自己的心路歷程，以正視自己內心的方式來了解自己，真實面對自己的內心世界。

3. 人的一生大概分為三個階段：依賴期（0 ～ 25 歲）、責任期（25 ～ 55 歲）、退休期（55 ～ 78 歲）。

4. 自我認識必須要「了解潛質」，才能求「能力的發揮」；在知己方面，你必須要仔細審視個人的價值觀、能力及條件專長；生命中充滿各種抉擇，做自己擅長的事就是通往成功的捷徑。

5. 認識自我的三大核心就是潛質與能力、價值觀、原則。

6. 每一個團體或社會中，都有其獨特的規範、文化或風尚，個體必須生活在這些規範、文化或風尚中才能被團體接受，也才會有隸屬感。

7. 增添自己生涯發展的寬度，達成下列四大目標：充分了解自我、提升樂於投入工作的意願、針對社會的變遷與工作環境改變、激發自我潛能。

8. 人的天性並不會隨著理智的判斷而改變，決定於自由意志是否跟隨著這個天性。同時，我們必須認識各種心理現象，才可能完全認識自己。

9. 須藉由他人觀感更認識自己，簡單地說，就是你的言行舉止對其他人造成何種影響，也就是指他（她）行為中所展現出的強勢與反應行為模式，幫助我們預測一個人喜歡用哪種方式與人相處，而更能認識自己。

10. 人際風格分為：分析（analytical）、平易（amiable）、表現（expressive）、和駕馭（driver）四種類型。

11. 所謂行為的果斷力，乃指一個人外在行為所表現出來的強硬與明確的程度；行為的反應力則是指一個人表現出來的情緒化反應，或控制情緒的能力及程度。

本章問題與討論

1. 試述自己的人生三階段歷程與目標。

2. 多元化的社會每個人必須具備第二專長能力，您如何達成並使自己保持競爭力。

3. 認識自我需從哪幾方面開始？試述之。

4. 何謂人際風格？試分析自我的人際風格為何？

Chapter

05

自我能力的了解

生涯規劃首要在充分了解自己，及早明確的全面認識自己、發現自己、改善自己、塑造自己，營造較易成功的環境。而了解自己可從「自我評估」、「心理測驗」、「事理分析」三種方法中，擇其一種為之。唯有真正了解自己的「性格特質」、「身體狀況」、「職業性向」、「慾望傾向」、「情緒管理能力」、「生活環境」、「社會需求」、「理想與價值觀」後所做的生涯規劃，方能鍥而不捨、貫徹始終的執行規劃，否則儘管規劃的完美無瑕亦無濟於事，總會因過程中些微的挫敗而頓失信心，以致半途而廢。

第一節　建構成功生涯能力要素

　　生涯規劃是人生的大事，執行的時間較長，任何人在漫長的數十年中，都可能遭遇到許多無情的衝擊，若得不到外力支援，就可能一蹶不振。因此再好的能力，若缺乏以下條件，想要成功也只是緣木求魚，自我陶醉。

一　基本要素

　　建構成功生涯的基本要素，就如同蓋房子要打地基，一定要有穩定良好的地基，才能建築出高樓大廈。而生涯的發展也必須具備下述條件，才能達成目標建構出成功的生涯。

（一）身體健康

　　健康的身體是成功生涯的最大資源，身體不健康，一切歸零，任何計畫均無法執行，哪有成功可言。

（二）應有貫徹執行的毅力與決心

　　生涯規劃是一生的計畫，若缺乏克服困境的毅力與貫徹始終的決心，勢必無法達成目標。

（三）有改變不良習性與嗜好的決心

　　一般人都會具有積極向上的決心，但對於改除惡習時常會流於輕謾，然而有一些不良的惡習，時常是左右生涯成功的關鍵點，因此需將惡習除掉，方能達成目標。

（四）良好的人際關係

　　人際關係圓融者，當身處困境時較不會被人落井下石扯後腿，反而常得到意想不到的奧援，能轉危為安，邁向成功之道。

（五）廣納建言，適時調整自己

　　切莫固執己見，關閉溝通的管道。應待人誠懇、信守承諾，有接受批評的雅量，如此方能得到他人的建言，藉以調整自己，讓自己更加穩健成熟，較易得到成功。

（六）善用社會資源充分發揮效能

執行生涯計畫，有可能因個人或家庭資源的匱乏而影響執行成果，甚至無力賡續執行，此時宜廣泛運用政府、民眾團體、慈善團體、財團法人基金會的既有資源，才能有效完成既定的目標。

生涯成功並不會因為年紀大了而自然成功。要邁向成功的道路，其實許多時候是天時地利人和以外，還要加上自己已經準備好的能力。成功的人沒有一定的典型，有的人是柔能克剛，有的人耐力特別強韌，有的人特別懂得職場登龍術，有的人特別有領導特質。

二 自我實現的要素

人性含藏無限的潛能。在看到空難時，一位母親竟能抱著嬰兒，在嚴重的衝擊火燒中，自己粉身碎骨，而嬰兒得以倖存。她透過愛和意志，把人的潛能發揮到無上的力量。人類透過愛和責任完成生命意義時，會使天地感動。這是一種崇高的生命力和純粹的智慧，都是自我的實現。

（一）弘道，實踐高貴的德行

人終其一生，不可能帶走自己的事功、財物和地位。無論你是亮極一時的明星，是權高位重的政治人物，是顯赫不可一世的財主或企業負責人，生命的舞臺一旦落幕，一切都成過去。但人的高貴德行卻是存在的，人的智慧與愛之性靈是長存的，人將用自己的光明，繼續走下去，那是光明之路，也是天堂之路。所以，人須能弘道，實踐高貴的德行。

（二）情與愛，實現人生的責任

所謂談情說愛，是指生命的情與愛，是人生責任的實現。人從生之愛與責任中，得到意義，得到幸福，並創造了生活的光與熱。無論是在家庭、婚姻、工作與事業上，它的道理至為明顯，應用廣闊。人的道德責任是生活幸福及心理健康的基礎。因為透過愛與責任，讓我們可以堅毅地去面對真實，清醒地活下去，並創造了幸福的生活。另一方面，道德責任促進了性靈的成長與開啟，讓自己參與存在的意義。

開拓生活能力的要素

　　生涯規劃的其中一個目的，主要是讓人在這資訊流通快速、科技發達的現在中，擁有生活的能力。欲進行生涯規劃，可提供幾個生活的技巧：

1. 對於進行生涯管理有決定的了解與發展。

2. 培養本身能夠以自我了解為基礎，並對未來可能從事的職業進行相關資訊蒐集的能力。

3. 整合及評估相關生涯資訊的能力。

4. 了解當地就業市場狀況，並能以以上所具備的能力為基礎，從事最合適職業的選擇。工作上的調適及生涯拓展，亦即藉由新的學習機會而使得個人的生涯獲利。

5. 經由生活的技巧，以充實下述生活能力：(1) 工作能力：為從事相關工作時最基本的能力，如計算能力、注重安全能力等；(2) 可轉移能力：如規劃、分析、授權、面談、甄選人才、觀察、簡報、文字表達等能力，是每種工作都需要的能力；(3) 自理能力：如節制、適應性、自信心、守時、情緒管理、誠懇等。

　　隨著生活型態、工作內涵與就業市場結構的改變，人們的生涯發展模式已轉為兩段式、交替式、融合式等，面對如此生活的改變，自己是否該好好的認識自己的人格特質，掌握自己的方向，了解自己的興趣，對於本身所擁有的能力，擴展多元化的生涯發展觀。

第二節　活化資訊的能力

　　知識是生活的工具，也是成功的憑藉。每個人的腦袋裡，都裝了一堆資訊，人所接觸過的人、事、時、地、物，乃至思考的方式和判斷，都是記憶的資訊，這些資訊經過整理與系統化，便成為觀念和待人接物的原理原則，乃至成為生活的信念，資訊構成觀念，成為解決問題的工具。

　　個人若缺乏資訊和熱忱，必然導致錯誤。人如果不了解別人的需要、感受和興趣，就無法領略行事的正確信息，到頭來抱殘守缺，死咬住自己的成見，就會陷入困境。因此，為了避免自己腦袋裡裝的都是舊貨，必須保持傾聽、觀察和接觸現實習慣。這是不斷更新資訊，確保良好適應能力的良方。因此要隨時保持接收資訊，了解問題，讓自己腦袋裡裝的是正確的資訊。而如何得到資訊、篩選、內化而活用，須從下列三點做起：

一　防範阻抗作用

　　有時，我們會把重要的忠告當耳邊風，根本沒有聽進去，那就是阻抗的心理在作祟。我們常會對我們瞧不起、看不慣的人，或者你不喜歡的人特別注意，也會對他所提的意見不加思索地排斥。尤其自我中心強烈的人，更容易被阻抗的心理所害。

　　一位馴馬師對騎師說：

　　「這匹馬在開始時，要緊跟在後，最後階段才策馬加鞭。」

　　「喔！」騎師根本沒有聽進去，倒是把眼光放在另一匹馬身上，「我一定要贏那一匹馬！」比賽結果他慘敗，因為他沒有聽進去正確的訊息。

　　阻抗使人聽不進忠言，也失去學習新知的興致。這時自己的認知會被過去的觀念所左右，缺乏應付情境的新知，以致落敗。

善於聆聽

　　一個善於聆聽的人，總能引發別人對自己說真話。人要廣開言路，人的一生中，該聽到的訊息有很多。你不能只聽家人的話，只聽老闆的話，只聽下屬的話，或只聽同事的話。人要像順風耳一樣，自然地聆聽，專注地聆聽，明白箇中的弦歌雅意。如果你是冷漠的人，不曾真心去關懷別人，不曾跟別人交心地相處、打招呼，不習慣和他人攀談幾句，那麼有話想跟你說的人，會在你的面前欲言又止。

　　一位主管對部屬說：

　　「我們就像大家庭一樣，有話隨時來跟我說。」說話時表情嚴肅刻板，語調冷酸，更別說有熱情的笑容。這時，全場鴉雀無聲。主管熬不住這種寂寞，說：

　　「好！各位有意見，可以隨時到辦公室找我。」然後走開。

　　主管才走出辦公室，同事開始竊竊私語，好像有什麼建議。同事甲說：

　　「剛剛為什麼不向老闆建議？」

　　「你也是知道的，剛剛你為何不說。」兩人相顧失笑！

　　可想而知，這位老闆想廣開言路，但他沒有舖設網路，想聽也聽不到別人的建言。其實溝通的網路，是透過對人與事的熱心建立起來的。我們可以透過觀察、閱讀、聽聞等各種管道得到正確的訊息，但聆聽的技巧卻非常重要。於此，對於聆聽提出幾項重點：

1. 把說話的人放在眼裡：尊重他，專心注意聽，不打岔。

2. 把別人想說的弄清楚：提出問題請教，即使看法不同，意見相左，也不採取辯駁。

3. 切忌妄下結論：聆聽別人的意見，並非要照單全收，也非不容異己。而是幫助自己了解事理，解決問題。

4. 聆聽時要表示謝意和恰當的恭維：透過情誼和信賴，容易得到真心話，較能掌握事務的推動。

　　腦子裡所裝的資訊，都要存在記憶庫裡，經常提取出來使用。因此，裝的資訊必須正確，也要不斷更新，這是維持良好生活適應之道。儒家說要「非禮勿視」、「非禮勿聽」，要「溫故」又要「知新」，是別讓自己的腦袋瓜腐朽了，而要讓自己日新又新。

（三）清楚完整的觀念

　　人的思考和創造歷程，有其基本的運作單位，那就是觀念。觀念是歸納許多記憶片段，形成一個具體縝密的組合，我們用它來觀察、分析、推論和解決問題，當然也用它繼續伸展，發展新的觀念和原理原則，以開展新知的領域，有些人腦子裡裝的觀念是死的，或是不完整，所以不能舉一反三，無法類推、衍生新知。一個完整的觀念，涵括著一定屬性的內涵，這些屬性的都可舉出實例或事件，並知道這個觀念所蘊涵的用途與價值。每一個觀念，都會給它一個名稱，例如：信用、負責等，但觀念必須有內涵才行，否則就流於空洞，即使把它記在腦裡，仍不免囫圇吞棗，雖能琅琅上口，但用不出來。比方說禮貌這個觀念歸納如下：

1. 與人見面時打招呼，彼此問好。

2. 在別人還沒有把話說完之前，不插嘴。

3. 服裝儀容要得體。

4. 注意談吐的風度和儀態。

　　因此在心智活動上，觀念愈清楚，就愈能有效思考和推論；觀念愈空洞，就愈不能活潑運用。因此，教育首要在於教導孩子獲得具體的觀念。人的心智發展是否良好，是否能有效學習和解決問題，端視其觀念是否清楚完整。

第三節　學習「學習的能力」

　　有些人思考笨拙，未能預防可能發生的不利情形，是因為他缺乏足夠的事例，來定義嚴謹的內涵。這對於學習新知，往往發生障礙；對於日常問題的防範及解決，亦易疏忽或錯誤。於是我們發現生活經驗愈缺乏，文化刺激愈少的人，觀念愈空洞，其臨場反應、思考類推能力、創意也受到限制。基礎的知識和思維邏輯愈不紮實，觀念也愈不明確。光靠書本的知識，很難有效培養社會知識和人際能力。必須身體力行，在生活中學習，透過行動、歸納、討論，才能發展正確的社會行為觀念。活用的觀念，其主幹是事例，其定義和屬性，是歸納的結果。因此，學習尋找事例和歸納，比死記定義來得重要。

（一）學習是新事物的歸納創新能力

　　人若想在生活與工作方面，有較好的表現，不能只靠讀書。讀書當然可以吸收許多觀念，但如果不能類推實務、工作和經驗中的磨練，很難發展出紮實的觀念和可以活用的知識。心理學家威廉 · 詹姆斯（William James）說：「我相信只要你覺得自己有相當的能力，便可投身於一種職業；而在工作中學習。」他對於實用的知識，有進一步精闢的解釋：「一切事理的真實性，並非可以成套學來。所以要在行動中，在嘗試試驗中，去發現它的精確性。」其實，我們是在行動、試驗和觀察中，不斷找出新的事物。

　　財經資訊中發現：1970 年代名列《財星》（Fortune）雜誌五百大排行的公司，到了 80 年代，有三分之一消聲匿跡。因為他們缺乏實用與創新的新知，他們的學習與成長陷於無能，於是創意枯萎，成長的動力衰竭。

　　個人的生涯發展，能否順利走自己的天空，端看其學習的態度。學習常被一般人誤認為是吸收知識，其實，吸收新知只是學習的一小部分，真正重要的是主動發現新知。知識要廣，活用為妙。

學習是不斷重組和改造能力

哲學家杜威（John Dewey）曾說：「學習與成長就是膽識的不斷重組和改造。」不過，他認為學習和成長，是發自人的興趣，是為滿足好奇心，才樂於試探和學習。其實，學習未必都是快樂的，許多學習一開始都是建立在「勉力為之」上，當努力過後有豐碩果實時，才產生快樂和接下去努力的樂趣。人們要有發奮圖強的鬥志，努力克服困難，獲得更多活用的觀念，才能建立興趣和求知的喜樂。

 學習是活用記憶解決問題的能力

學習，有一部分來自於記憶，有一部分來自不斷的尋找新的事物進而重組。因此，記憶基本上是用來增進解決問題的能力，所必須的重要過程。人類不斷發展新知，獲得更多新的記憶，但我們不可能事必躬親。為了有效學習活用觀念，可以採取以下方法：

1. 將舊觀念和新知加以組織，使它成為一個系統，而易於記憶和活用。

2. 讓自己有時間作練習，從而學習運用的本事。

3. 要不斷吸收別人已發展出來的新知，並參加必要的研討會。

4. 學習時必須與自己現有的程度銜接，才能構成有意義的學習。

 學習是增強記憶的能力

學習新知和觀念，與記憶有密切的關係。絕大部分的人，都以為記憶是天生的；有些人記性好，有些人記性差。其實，心理學家的研究，已經解開部分的迷底，記憶可以透過努力而增強。想增強記憶，必須注意以下四個原則：

1. 保持清醒：在記憶任何東西之前，必須注意並保持專注。對於所學做細心的觀察，是引發清醒和專注的直接方法。清醒度愈高，愈不容易遺忘。此外，保持較好的健康狀況，清醒的尺度也會提高。有些人睡眠太少，精神不佳，注意力不免受到影響，當然記憶效果亦會大打折扣。

2. 善用聯想：對於所要記憶的素材，要與已經熟悉的觀念或事件，做一些聯想，也能構成較好的記憶效果。在某一領域裡，你所擁有的知識和觀念愈多，聯想的機會也愈大，記憶的效果亦愈強。有時，透過有趣的聯想，也能達到良好的記憶效果。

3. 資訊的聯結：如果把要記憶的素材，做一系統的聯結，想成一個故事或事件來記憶，則不容易遺忘。或者把它聯結成一個圖形，亦能記得牢靠。

4. 透過替代字詞來記憶：如果有好幾個因素或原則，構成一個完整的知識體，只要把每一個大項的關鍵字列出來，加以排組，構成一個容易記的簡單句子，則能長期記住那些重要資訊。

　　關於記憶，行為學家研究發現，如果學習一項新的東西，在二十四小時內，不加以練習或複習，則 80% 可能被遺忘。因此，學會某些活用的觀念和能力時，要保持持續的練習。剛開始時，練習次數要密集，慢慢再改為間歇性的練習，這樣能記得更牢。

　　生活在一個資訊社會裡，每個人都必須學會運用資訊的能力。不過，有一部分的資訊能力，必須靠長期的記憶，否則就無法有效處理生活與工作的事務，例如：電腦設計能力，每一筆資訊都必須由完整的觀念組成，如果觀念是空洞的，就無法形成類化，重組新觀念，衍生新知識。因此學習「學習的能力」，是現代人必須重視的問題，隨時隨地檢視自己，從觀察、分析和思考，以便解決生活和工作的問題。

第四節　獲取實用知識的能力

　　人必須學習實用的知識，做為規劃生涯計畫的工具，並據以發展更適合自己的人生。有些人讀的是死知識，記誦，研討它，只能當文字的遊戲，對自己的生活卻未見其用，心智得不到成長，工作亦無特殊表現。有些人既能讀書，又能做事，凡事皆有規劃，善於學習、創造和工作。

　　知識不該被切割成好幾個零碎的片段，會導致失去實用的效能。零碎的知識不能用來解決問題，亦不能滿足自己的好奇心。

　　一個活潑、健康、有創意的人，通常是很善於掌握實用知識與活用時間的人。掌握一項實用的知識，比你記誦十則刻板無用的知識，要來得有價值。活用時間的人，在同一時間內，會讓自己比一般人多完成許多事。實用知識對生活與工作會產生作用，能給自己帶來許多好處。生活中最重要的實用知識包括思考、活力和良好習慣。

（一）培養觀察、思考和求證的能力

　　這能使所掌握的資訊確實可信。傳說、臆測和一廂情願都只是自己的瞎猜，往往令人走錯方向。學習實用的知識，以應付變遷社會中的需要，是未來要努力的重要課題。《第五項修練》一書的作者彼得・聖吉（Peter M. Senge）說：「認清自己的願望，集中精力，培養耐心，並客觀地觀察現實，就是精熟自我功能的修練。」其實，只要對任何事情保持客觀的觀察和思考，就能使自己不斷的成長，變得聰慧能幹。

　　我們能在工作中不斷觀察、檢討、記錄、分析，以尋求新知、創造新知，並隨著社會脈動，繼續改進和成長。不斷學習的人或團體，是立足現代社會的必要條件。

（二）經營活化知識的能力

　　古人常說：「業精於勤，荒於嬉；行成於思，毀於隨。」要做一個成功的人，一定要培養自己的活力。人的活力，與自己的作息習慣、運動、營養均衡等有關。不過，影響活動的主要根源，大部分還是心理因素，你務必對自己的心理有所了解。如果你想獲致這方面知識，不妨試試下述方法。

1. 用行動來培養情緒性活力：如果你希望有好心情做事，就要以好的態度去面對同事，要懷著高興的心情去面對工作。

2. 要克服怠惰：長期在同一個環境下工作，或許真的累了，那就該休息，讓自己重新恢復體力。不過，大多數人其實並不那麼累，只是嘴裡說累，想著累，而真的產生疲勞的感覺。

3. 努力工作有益於活力：無論你做什麼工作，努力以赴，集中精神去幹，不但效率提高，創意和精力都會源源不絕而來。

（三）養成好習慣的能力

　　每一個行為，經過執行與重複之後，就在神經系統中留下痕跡，形成習慣。如果每天培養兢兢業業的工作習慣，精神集中，意志堅強，能自我控制，一旦形成習慣，就能有效對抗環境的變遷。每一絲善意和善行，都會留下習慣，帶來光明的機運。所以，不能因善小而不為，不能因惡小而不在意。習慣就是我們的自動控制系統，如果你能讓他有效執行任務，發揮維生和成長的功能，那麼就有更多餘力，去創造新的事物。

　　有年輕人問一位作家：「你怎麼能在百忙中維持寫作不輟？」

　　「想寫作就得養成良好的寫作習慣。」那作家說。

　　「什麼是良好的寫作習慣？」

　　「隨時記下你的觀察和發現，找時間整理、思索和寫作。還有，努力寫下去就是良好的習慣。」

懂得培養好習慣，當然也要知道如何戒除壞習慣；能戒除惡習的人，就能避開厄運。

在課堂上，有學生問道：「怎麼革除壞習慣？」

「別通融它，千萬不要對自己說『這次不算』，就能戒除惡習。」

「怎麼嚴格執行革除惡習的計畫？」

「向親友公開宣布你準備革除某種惡習，就能令自己有恆心去完成它。你總不願意在親友面前漏氣吧！就用他們的力量，強迫自己完成革除惡習的行為目標。」

總之，生活在現代社會裡，社會的解組和重構速度愈來愈快，若非靠著實用的知識，很難有效適應生活。就現代人而言，死記的知識無從面對層出不窮的挑戰，因此人要懂得思考。面對執行時會有困難，你必須鍥而不捨，所以要發展活力，才能實習該做的事。至於生活的行動，如果沒有把能力化作習慣，那就不可能把它實現出來。因此，培養觀察、思考和求證的能力，有經營活力的知識，了解好習慣即是最重要的實用知識。

第五節　學習新的調適能力

許多人都想換工作，他們幹一行厭一行，這些人不是說興趣不合，就是說他們的工作令他煩。他們很想離開工作崗位，或者想退休，因為工作使他無奈和痛苦，但也一天一天的撐下去。其實這些精神上厭煩不想幹的人，大部分是因為得不到人際支持造成的。

改變自己調適的能力

一位中年男士說，他每天無奈的上班，沒有什麼朝氣。工作對他而言只是生活及養家活口而已。他沒有什麼知心的朋友，未曾參加任何社團活動，覺得寂寞、孤獨。他說：「我就是等著退休，等著領退休金過日子，可是還要熬個幾年。想換個工作又苦無機會，其實我也不知道有什麼適合我的工作。」

「你在大學畢業時，就進入這個機構工作，待遇不錯，當時你不是很高興能獲錄用嗎？」我問道。

「不錯，當時我很高興，因為它是我的本行。不過，我愈來愈不喜歡人際交流。」他說。

「每一個行業都有人際方面的衝突，這是很難避免的。即使你換別的工作也是一樣。縱然現在你就退休，還是要與人群生活在一起，家人、親戚和朋友仍必須與你保持關係。如果人際關係令你厭惡，你的煩惱和焦慮還是存在。」

像這樣的人，基本上都是好人，他們抱著崇高的道德標準，沒有娛樂，不旅行，挑剔朋友的瑕疵，即使不說出來，也終日抱著不齒的心情去看別人。日子一久，自己孤立了，寂寞和缺乏人際溫暖反過來令他生活在沮喪和嫉妒之中。處於這種狀況，換什麼工作都喚不回生活的朝氣。對於這些人的建議重點不在換工作，而是要改變自己，學習新的調適能力，其方法如下：

1. 採取主動參與，營造新的人際互動。

2. 訓練體能，增加運動，注意營養的均衡。

3. 擴大應用自己的能力，創造成就和人際接觸。

4. 注意營造家庭生活氣氛。

過去你可能不參加同事們的共同活動，也不習慣參與，現在你要硬著頭皮，參加幾次。最好是以自己的能力來擴大運用。一位對書法專精的公務員，在指導同仁練習書法之後，開始覺得精神振作；一位對電腦實務經驗豐富的人，夜間為社區學院教電腦課程，而心情好轉。因為助人的人，精神力會振作起來。

這時，若能配合訓練自己的體能，多做運動，注意營養的攝取，很快就有新的活力注入心靈，從而家庭的人際氣氛自然好轉。你的心意改變了，活力恢復了，在工作上必有新氣象。

二 不斷發現、建立生活信念的能力

人活著必然要遭遇許多艱辛，承受許多挫折、打擊和委屈。但有些人在面對痛苦時，卻能孕育良好的精神力；有些人則在挫敗之後，一蹶不振，再也站不起來。而能在生活與工作的遭遇中，領悟生活的價值和意義者，則擁有生命中極佳的智慧。

當一個人能從生活挫折和痛苦中，找到它的意義和價值時，就有力量去承擔，去負起責任，而不再尋找藉口來逃避。透過悲智雙運的佛教信仰，透過寬容、博愛與知識的基督戒律，透過儒家仁智雙修的道統，不難發現道德不只是為了約束和規範，而是承襲了心靈世界的光明智慧。它給我們生活的力量和承擔的勇氣。

怡樺是一位空服員，除了大家以為的光鮮亮麗外，工作上當然也有旁人難以體會的辛苦，除了加班熬夜外，更常常在飛機上為幾百人份的發餐、賣免稅菸酒、端盤子、照顧客人……忙得分身乏術、欲哭無淚，但卻只能一再告訴自己、催眠自己：妳從事的是服務業，「忍」過了今天就好。

儘管如此告訴自己，可總是有力不從心、擠不出笑容和耐心的時候。

直到一次，她聽到好朋友文萱如何在飛機上照顧及服務一位嚴重的老年癡呆症客人，她才對自己的工作心態大為改觀。

在一班臺北飛往紐約的班機起飛沒多久，一位老先生忽然大小便失禁了，他的家人既窘迫又嫌惡的叫他到洗手間自行處理，老先生猶豫了一下，一個人慢慢走向機尾的洗手間。

當老先生走出了洗手間，卻記不得自己的座位在哪兒，八十幾歲的人急得在走道上大哭了起來。空服員前來協助，發現他身上臭不可當，原來老先生不清楚廁所內衛生紙擺放的位置，就隨手塗得一身都是，那間廁所當然也被他使用得慘不忍睹。

　　將他帶回到座位後，周遭的客人開始紛紛抱怨老先生身上的臭味，實在難以忍受。文萱便詢問他的家人是否有衣物可供老先生更換，其家人卻表示隨身行李都在貨艙中的行李箱內，所以沒有衣物可讓他更換。他的家人並且告訴空服員：「今天飛機又沒滿，將他換到最後一排的位子就好了嘛！」

　　確實，機上最後幾排的座位是空著的，所以空服員便依客人的意思照辦了，並且將方才那間廁所鎖起來以免有其他乘客誤入。於是，老先生便一個人坐在最後一排的位子上，望著自己的餐盤，低著頭，不斷的用手擦眼淚。

　　可是誰知道，一個多小時後，他已換好了衣服，乾乾淨淨、笑容滿面的回到原來的座位，桌上還放上了一份全新的、熱騰騰的晚餐。

　　原來是文萱犧牲自己的用餐時間，將老先生用濕布和濕紙巾一點一點的擦洗乾淨，還向機長借了套便服讓老先生換上，更將那間沒人敢進的廁所完全打掃乾淨，噴上了她自己的香水。

　　同事們笑罵她笨，這樣幫忙絕對不會有人記得，也不會有人感謝，既吃力又不討好。但她卻只是輕描淡寫的回答：「飛行時間還有十幾個小時，若換成我是那位老先生，我也會很難受，誰會希望旅行一開始就變成這樣？再說，平均三十幾位客人用一間廁所，少了一間就差很多，所以我不只是幫助那位老先生，也是在服務其他的客人啊！」

　　怡樺從文萱的例子中，重拾對服務業的熱情與活力，她真心認為服務業真的是一份很有福氣的工作，因為除了商品外，我們還能販賣「好心情」。現在我常常想，今天的我可以為我的工作及身旁的人做到什麼程度？設想到什麼地步呢？今天我要扮演讓他們心情平穩開心的菩薩，還是謀殺他們笑臉的惡魔？

　　每一種工作都是一份很有福氣的工作，自然就能找到工作的活力，生命的動力，工作是如此，生活也是如此。全新的人生觀，價值觀，帶給怡樺全新的力量，帶來對工作的熱情。更能引申對生命的意義和希望。其實，每個人都可以在他的生命中，不斷發現、建立生活的信念。這將使一個人健康快樂地迎接新的挑戰。

本章摘要

1. 建構成功生涯的基本要素：(1) 身體健康；(2) 應有貫徹執行的毅力與決心；(3) 有改變不良習性與嗜好的決心；(4) 良好的人際關係；(5) 廣納建言，適時調整自己；(6) 善用社會資源充分發揮效能。

2. 自我實現的要素包含「弘道，實踐高貴的德行」和「情與愛，實現人生的責任」。

3. 開拓生活能力的要素：工作能力、可轉移能力、自理能力。

4. 資訊經過整理與系統化，便成為觀念和待人接物的原理原則，乃至成為生活的信念，資訊構成觀念，成為解決問題的工具。

5. 如何得到資訊、篩選、內化而活用，須從下列三點做起：防範阻抗作用、善於聆聽、清楚完整的觀念。

6. 哲學家杜威（John Dewey）說：「學習與成長就是膽識的不斷重組和改造。」

7. 學習「學習的能力」，即學習是新事物的歸納創新能力、學習是不斷重組和改造能力、學習是活用記憶解決問題的能力、學習是增強記憶的能力。

8. 增強記憶，必須注意以下四個原則：保持清醒、善用聯想、資訊的聯結、透過替代字詞來記憶。

9. 生活中最重要的實用知識包括思考、活力和良好習慣，亦即培養觀察、思考和求證的能力、經營活化知識的能力、養成好習慣的能力。

10. 每一個行為，經過執行與重複之後，就在神經系統中留下痕跡，形成習慣。如果每天培養兢兢業業的工作習慣，精神集中，意志堅強，能自我控制，一旦形成習慣，就能有效對抗環境的變遷。

11. 學習新的調適能力，其方法有：採取主動參與，營造新的人際互動；訓練體能，增加運動，注意營養的均衡；擴大應用自己的能力，創造成就和人際接觸；注意營造家庭生活氣氛。

本章問題與討論

1. 試述建構成功生涯能力的要素，並說明之。

2. 何謂活化，試從資訊與知識兩者角度來談論。

3. 王曉明目前正遭遇學習的問題，請你給予他正確的學習觀念，並在記憶方法上給予一些建議。

4. 請以個人為例，說明如何學習新的調適能力，及使用哪些方法來調適生活。

Chapter

06

自我情緒的調控

　　人的身心是相互影響、密切聯繫的複合體,積極向上、樂觀愉快的情緒能加速消除疲勞,甚至延長其壽命;相反的,憂愁苦悶、悲觀抑鬱的心情也可以使一個人的疲勞時間大大延長,甚至危害一個人的生命。如何掌控自己的情緒,讓自己成為一個快樂的人,延長自身的生命週期,先由認識情緒開始。

第一節　情緒的類型

　　情緒是人對外在世界所發生的認知評價與感受的情感表現，隨著外在世界的複雜化、多元性，人的感受也深化繁衍。適當的情緒表達除了能成為與人群生活，辨別自己與他人言行之對與錯的重要訊號，還能成為與人溝通的良好潤滑劑。因此認識自我的情緒類型，也是在增進與人相處之道。

 ## 一　情緒的分類

　　近代西方學者認為人的基本情緒分四類：喜、怒、哀、懼。分述於下：

1. 喜：每當人們情緒高漲時表現出歡愉的行為，而情緒高漲可因年齡、環境、知識、智能不同，表現出程度不一的歡愉行為。

2. 怒：每當人們情緒受到強烈刺激時所表現出暴躁的行為，而情緒可因刺激的強弱程度，反映在情感上也有所不同。

3. 哀：每當人們情緒受到沉重打擊時所表現出悲傷的行為，而情緒可因打擊的因素及程度差異，表現出不同的行為。

4. 懼：每當人們情緒受到劇烈的恐嚇時所表現出驚恐的行為，而情緒可受恐嚇的輕重反映出不同的行為。

　　情緒與行為是人類心理活動的一個重要部分，沒有情緒，人的一切活動將是不可言喻。引起情緒的刺激，可能來自外部環境，如：陽光、氣候、色彩、聲音、人、事物以及各種「意念」。也可因現實世界中任何具體的情景刺激，成為情緒產生的觸發因素。

　　但人對周圍事物採取何種態度，產生何樣體驗，則視它們對人需要的滿足情況如何而定。情緒具有主觀色彩，人們與各種事物的關係不一樣，所抱的態度也不一樣。

良性情緒與劣性情緒

情緒如人性一般，有良有劣，分別對人們的影響如下：

1. 良性情緒與健康：良性的情緒對於健康而言，無疑是個積極、正向的反應，有益於健康。如果能夠經常保持樂觀的情緒，人的免疫機制能夠活躍旺盛，就會減少感染疾病的機會，達到「精神免疫」。因此，積極的情緒可以增進健康、延緩衰老過程。

2. 劣性情緒與疾病：劣性情緒對我們健康影響很大，它會使得免疫機能低下，容易罹病，使人早衰、短壽，故有害的劣性情緒是人們的大敵。

 情緒的生物性及社會性

情緒與人類需要有密切關係。生理上的需要（如食物與水的需要），是一切生物賴以生存的需要。滿足了需要，就會產生愉快的情緒；無法滿足就會產生焦慮，需要被妨礙時就會產生憤怒。這僅是生物性，人類更重要的是社會性的需要，因此情緒有明顯的社會性。

（一）需要、滿足為喜，有利生存發展

人的情緒和情感明顯地受到個性傾向所制約，凡與人的需要、興趣、理想、信念、世界觀相符合的事物，會引起滿足、愉快、喜悅、崇敬等正向的情緒和情感；反之，則會引起失望、不安、厭惡、憤怒等負向的情緒和情感。凡得到各種需要（生物性和社會性），人就感到滿足，有利生存。經常保持愉快的情緒，不僅是防病治病的好方法，也是延年益壽的法寶。

（二）厭惡、拒斥、逃避為懼，以利保護自身

人類之所以有厭惡、拒斥、恐懼的情緒和行為，是為了避開傷害和毀滅，以保護自身的生存。社會是一個複雜體，某些不利因素不一定傷害人的軀體，但會傷害人的精神。因此人在做出各種不同情緒行為反應時，同樣蘊含著生物性。

（三）認知與評價

現代人的情緒明顯帶有社會性，或喜或憂，或驚或怒，都與個人對客觀事物的認知水準有關，每個人都有不同。在醫學上而言，醫護人員不僅利用語言、行為或人際關係的交往，以改善病人的情緒、解除病人的顧慮、提高思想認識層次、增強戰勝疾病的信心和能力，及改善病人的心理狀態和行為方式。情緒的改善在心理治療中具有重要的作用。

第二節　揮別生活的怒氣

　　良好的情緒不僅有助長人際關係的效果，更能提高人的壽命，而不好的情緒，則影響人類的生活品質，甚至是健康。不好的情緒中，又以怒氣與哀傷影響最大。

　　你是否問過自己：「你常生氣嗎？」如果你是生氣的常客，建議你找出自己的「情緒溫度計」，或來一場「與怒氣的心靈對話」，徹底趕走怒氣。

　　某天日落，王先生拖著疲憊回家，一屁股跌坐沙發瞥見晚餐還沒著落，白天被上司責罵企劃書遲交的怒氣瞬間引爆；像陀螺般在廚房轉來轉去的王太太，還來不及換下公司套裝，就被丈夫刮得滿頭包。

　　王太太氣不溜丟的解下圍裙，剛好一臉撞見兒子小寶邊盯電視邊寫功課，毫不囉唆拿起棍子，抓起小寶屁股猛打；哭得驚天動地的兒子躲到玩具間，看到狗狗小白正舔著他最心愛的機器戰警，忍不住踹了小白一腳，小白嚇得逃到客廳，見王先生正端著牠的飯碗，便朝王先生一口猛吠。

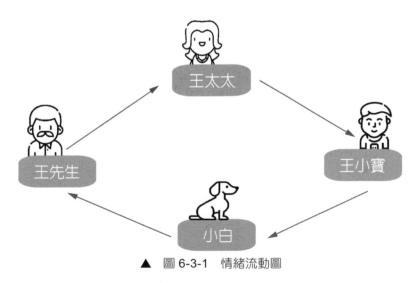

▲　圖 6-3-1　情緒流動圖

這是典型的情緒流動圖，每天在不同地點以各種形式上演：馬路上因超車的擦撞、搶停車位的怒罵、看不慣公司居功諉過的悶氣、丈夫的遷怒、老師恨學生不成鋼的怨氣、掛著冰冷微笑的服務員，其實正暗自咒罵著你等等。職場上的怒火一點就燃。美國耶魯大學管理學院研究發現，四分之一的上班族經常生氣。「經常生氣就像不斷的小感冒，嚴重影響工作表現」。

董氏基金會透過一項調查臺北地區民眾的「怒氣與健康」，發現有六成民眾每星期生一次氣，一成半的人每天都在生氣。這項調查也發現，每天生氣的人比不是每天生氣的人不快樂，除了有更多健康上的困擾，並伴隨著憂鬱、焦慮、恐懼並且對別人較有敵意。

既然生氣嚴重影響健康，為什麼怒氣仍滿天飛舞？你曾靜下心來仔細想過「氣」從何來嗎？對付感染力極強的怒火，你找到破解之道了沒？

（一）你生什麼氣？

曾有個簡單實驗，研究情緒對健康的影響。美國生理學家艾爾瑪將一支支玻璃管插在攝氏零度、冰和水混和的容器裡，藉以蒐集人們不同情緒時呼出來的「氣水」。結果發現，心平氣和時呼出的氣，凝成的水澄清透明、無色、無雜質。如果生氣，則會出現紫色的沉澱；研究者將這「生氣水」注射到白老鼠身上，幾分鐘後，老鼠居然死了。生氣對身體健康影響深遠，你，仍決定生氣嗎？欲破解情緒的第一步，「要先找到怒氣的根源，」生氣分為兩類：

（一）因為時間壓力或資源不足所導致

例如：趕上班時車子不小心擦撞而遲到被罵；或小孩互搶玩具打了起來。這種急迫、在焦慮下引發的怒氣，來得快去得也快，負面效應較小，運用一些行為策略可獲得改善，譬如早上起床避免過於匆忙，每天提早兩小時起床，邊聽廣播掌握時間（因為有報時服務），邊替自己泡杯咖啡，不急不徐妝扮一身美麗，懷著好心情上班去。

（二）毀滅性的怒氣

毀滅性的怒氣經常是憤怒壓抑累積的結果，火力強大，殺傷力驚人，幾乎到了攤牌、醜話盡出的程度。有時候不見得與自己直接相關，可能只是看不慣某個人的作風或某種互動關係，就忍無可忍動肝火。譬如以某職業婦女自己的

經驗為案例。自從，結婚後對「外遇」特別敏感，尤其容顏隨年齡漸長而漸失，內心開始不安，對丈夫的限制一天比一天多。所以在職場裡，她特別看不慣那些眉來眼去的女生，直覺認為她們有勾搭男士的嫌疑，令她作嘔反感。

她也經常生悶氣，明明人家沒惹她，她的臉色總會讓人誤以為欠她許多錢，而她就是覺得看人不順眼，動不動就生氣，也不知道為什麼。直到她找出自己最深處的擔憂，及害怕的根源之後，莫名的怒氣了然於心之後，自己「與怒氣對話」，終於消解怒氣無影蹤。

與怒氣對話

三年前，性情溫和的小雅竟然在教會痛罵一位弟兄，只因為看不慣他凡事居功，自以為是。她決定找出這件事對自己的意義，為什麼自己會一反常態，在公開場合動怒。她在默禱中，自問自答：「他的行為根本與自己沒關係啊，為什麼生那麼大的氣？」再問自己，「不合理的事很多，為什麼唯獨對這件事這麼生氣？」

「這位弟兄其實很勤快、不偷懶呀，他不過是愛求表現而已。究竟這件事對你的意義是什麼？」從自問自答中，她誠懇分析，原來，過去的成長環境與教育訓練，教她要謙虛，壓抑了想表現自己、贏得讚賞的本性，那些像孔雀般的炫耀居功者，刺激她眼紅、憤怒，深覺不公平。每生一次氣，她就更加了解自己。經由自我對話，從過去找到引爆生氣的關鍵經驗。三年來，她已經不再發生這種具毀滅性的怒氣。

「進行對話時要對自己夠誠實和勇敢」，這是了解怒氣由來的關鍵。知道怒氣背後的真相，才不會落入「講道理」漩渦，因為道理是比不贏的。不過，怒氣衝上頭時，一時難掩，遑論自我對話時，該怎麼辦？許多專家建議從生理來改變心理：

1. 首先要閉上嘴，因為盛怒時的舌頭像把利劍，容易刺傷人。接著深呼吸，強迫心跳、血壓回復正常狀態。

2. 或者離開現場找個安全的環境，動動身體、打球或做體操。

3. 盛怒時，跑去照鏡子，看見自己怒氣中的樣子覺得很滑稽，忍不住噗哧笑出來。

在高度壓抑的日本社會裡，商人發明付錢砸東西的「解脫室」，供怒氣難扼制又無處發洩的人宣洩。來到解脫室的人需付費，依照費用高低拿到各種陶瓷花瓶、器皿或小雕像，客人通常會先寫上痛恨者的名字，邊破口大罵邊將手中小雕像往牆壁用力一砸。不過，砸東西、踢家具等藉著外物轉移情緒，只能達到暫時抒解怒氣，治標不治本，若不去察覺情緒的細微變化，而總是以宣洩方式排解，其實怒氣並沒有真正被消化，反而會形成惡習，重複發生。

第三節　管理自己的情緒

每天面對著來自那麼多刺激的衝擊，對於情緒管理的問題，我們可以提出下列六個可試用的方案：

辨別情緒種類及問題本身

不管要解決那一種問題，第一步要做的是察覺到，且要承認自己已碰到了問題。進而採用類似系統減少敏感的技巧，多次嘗試去面對，或建立積極的內在語言，和知心朋友討論害怕面對的問題，以減少焦慮感，也是可考慮採用的有效方法。因為知心朋友在當事人身上會引發一股相當強的安全感，而安全感對焦慮感具有相當可觀的抵消作用。

突破解決問題的第一步驟障礙以後，就有機會端詳問題的真面貌以及由問題引發的情緒內容。這時候，必須鼓勵自己儘量拉長自己和問題與由問題引發的負面情緒相處在一起的時間，藉以減輕或消除更多附著在問題的負面情緒，也藉機對於問題成因增加了解，以有助於下一步的問題分析工作，能進行得更有效。

蒐集問題的成因，建立產生情緒的假設

　　將問題產生的成因分為正關連和負關連的兩大類，對於問題的解決很有幫助，因為這種分類方法已經直接告訴我們解決問題的方法在哪裡就可以找到了。

（一）問題引發的情緒內容及其分析

　　面對問題和與問題有關的負面情緒以後，就要將情緒內容進行正確的分析。舉例說明之，如果問題所引發的情緒反應是憤怒，則我們可假設，當事人所面對的問題很可能是屬於挫折性的，而且當事人認為他的挫折是由很不公平的事件引發的。

（二）了解自己的思考習慣或具有的特殊思考習慣

　　問題的客觀性質並不一定像心中所了解的那般不公平，成功率那麼低，或失敗率有百分之百那麼高；對事情的了解，其內容除了受制於事件的客觀內容以外，相當大的部分也受到人長久以來深藏在腦海中的負向思考習慣的牽制。

（三）問題內容及其構成因素的分析

　　一旦能克服面對問題帶來的焦慮，而勇敢去面對問題本身及問題引發出來的負面情緒，並且利用引發的負面情緒內容所提供的線索，去詳細探討問題本身及它的構成因素，則大體上他可知道該問題應如何去解決。

　　原則上，管理情緒的最基本方法是連根除去與情緒發生有直接關聯的客觀問題本身，或除去有直接相關連的正相關因素及補充有負相關的因素；正相關因素是有助於問題發生的因素，例如：一位學生不聽教師的吩咐，是某位教師非常忿怒的客觀問題，則該學生不聽教師吩咐這問題的第一項正關連因素，可能是教師管教學生的方法太嚴厲。而第二項正關連因素，可能是學生應付權威管教的習慣是不聽權威者的吩咐而我行我素。這兩項正關連因素累加在一起，就把「學生不聽教師吩咐」的行為傾向更加強，使它從可能變成事實。負關聯因素所指定的是因為該因素不存在於學生或教師，所以正關連因素的作用力量就不受牽制或不減弱而會將其原有力量澈底發揮出來，就學生不聽教師的吩咐而言，負關連因素有如：學生欠缺尊長的人際習慣，學生對於這位教師欠缺喜歡他的情緒或認知習慣。

用假設找到正負關連成因並加以實驗驗證

　　一方面將正關連成因消除，另一方面將負關連成因加以彌補。假如，原先的分析是正確的，則將正負關聯成因分別的加以消除或彌補以後，引發主要情緒困擾的外在問題就理應自然的消除，同時由它引發的主要情緒困擾也隨之不再出現了。

　　客觀問題與情緒困擾，不是僅由客觀問題就可以完全說明情緒反應的所有內容，但每一種情緒困擾都一定有一項客觀問題是不會錯的。客觀問題是可以透過實際行動加以消除，而情緒困擾則隨著消除。因此，消除客觀問題也可算是好的情緒管理方法。

　　至於如何解決客觀問題？或如何才能提高解決客觀問題的能力？其一是加強當事人的適應能力，其二是培養善用社會支援的能力或習慣。客觀問題有時很複雜、很困難，超過當事人的適應力所能處理的，這時候，當事人若善於利用周遭社會支援或資源，則問題可能比想像的更容易解決。所以，培養善用社會人士支援的習慣也是管理自己情緒的好方法，就教師而言，善用同事、學生、校內各種設備有時有助於解決校內或與自己教學活動有關的客觀問題。

四 建立一套更接近事實，也合乎邏輯的解釋

　　個人對問題所做的解釋或認知評估方法或內容，會深深影響個人對所遇問題的情緒反應。一般而言，同一客觀問題可做數種主觀解釋。憂鬱症病者的認知習慣是強烈的傾向於把所遇事件統統往負面的方向去做解釋，所以他們的情緒特徵是負向兼不穩定而且又是強烈的，所以遇到重大生活壓力時比其他型的人更容易呈現出焦慮情緒困擾。

　　由於個人的情緒常受制於他對於所遇問題的解釋或思考習慣，所以個人認清自己呆板、不符合事實的解釋、思考習慣，而將之改變為較具彈性、符合事實的思考習慣，也是管理自己情緒的一個重要途徑。

五　調整生理情況的情緒管理方式

　　情緒反應是一種極複雜的身心反應，不只是純屬於心理或生理的單純現象。一個人處於緊張狀態時，除了主觀的緊張感受以外，也有呼吸淺而急促、心跳加快、手腳冰冷、發抖、臉色蒼白等諸多生理反應。

　　從實用觀點，我們可用兩種方法來管理已經產生的生理及心理情緒反應。

1. 情緒反應的心理層面管理：當個人處於某一情緒情感時，他可能喃喃自語的對自己重述著一段與當時情緒種類有關的話，或內語，例如：「那是可怕的事」，或「如果辦不好那就糟了」或「如果做不好，就被笑死了……」等。此時，如果當事人能以正常內語，例如：「那是沒有什麼可怕，而是最好不要發生，假如一定會發生，就讓它發生吧，它是傷不了我的」。可把焦慮情緒的惡性循環切斷，啟動正面情緒反應的循環。

2. 情緒反應的生理面管理：現今已有很多方法常被採用來調整情緒反應的生理過程；如：深呼吸、肌肉放鬆運動、瑜珈、慢跑、游泳、韻律操等，透過這些運動可以減低緊張的情緒關係。

六　與人討論或交談

　　時常聽許多人說：「當我最難過時，幸好遇到了某人……」，或「當我覺得什麼事情全完蛋了，幸好有某個機會出現……」，不禁感到雖然世事總不盡如人意，但上蒼的鼓勵卻總是環繞在每個人身邊，生命的深度不是擁有多少物質，而是精神上的豁達，只要堅毅地走過生命的挫折，就會發現「天無絕人之路」。

　　每個人基本上都需要與他人溝通，換言之，與另一人做深談或溝通對任何人來說，都是相當重要，而具有強大的穩定情緒作用。所以，遇到情緒不穩定時，找家人、朋友、親戚、同事、有關專家談一談是一種最基本的情緒管理技巧；有時僅是談一談，或是見見面，雖然沒有談到問題的要害，也具有緩和、撫平、消減激動情緒的療效。

第四節　自我情緒的調適方法

　　日常生活中，情緒壓力常常導致疾病產生，甚至突然死亡。在各種壓力中，情緒壓力的「殺傷力」最大。

一　消除情緒壓力的方法

　　對於每個人來說，壓力是避免不了的，但情緒和態度是可以改變的。茲介紹兩種消除情緒壓力的方法。

（一）外顯訓練方法

　　當你感到有情緒壓力時，邀請幾個親朋好友去聚餐一次，或去觀賞一部電影；尋找最近自己在生活中處理成功的一件小事，給自己獎勵，買一件禮物送給自己；分析壓力產生的原因，找出排除它的方法；找一個自己所信任的人，開懷傾談一次；將情緒壓力演變的結果，在心裏預想一下達到這一結果的過程，做好充分的心理準備。

　　如果是慾望或動機過高，每週要有一天用完全不同的興趣點（例如：打高爾夫球、畫畫、下棋、種花）來調節；自我的能力和精力不要極端地消耗，有時要懂得保存體力，否則只不過是背負一個「苦幹家」的名聲；要懂得創造性的休息方法，休息的種類、方式要豐富多樣，不要單調；如壓力已造成身體的不適（如心臟作痛、大量出汗、不眠、腸胃消化功能下降等），要認真對待，及早進行健康檢查；在休閒時，進行體育活動，但一次活動的時間不宜過長，運動不要過猛，做到細水長流。

（二）內隱訓練方法

　　寫「壓力自傳」把自己所遭遇的壓力，用日記、自傳的方式記錄下來，自己保存，供以後參考；對自己要求不要過高，記住一首讚美詩中的七個字，例如：「只要一步就夠好」；不要將所有重擔和責任背負在自己一個人身上，要信賴他人，做到責任分擔，學會同他人合作；勇於決斷，錯誤的決斷比不決斷或猶豫不決要好，決斷錯誤可以修正，不決斷或猶豫不決會導致壓力的產生，有損身心健康。

　　不要因小事垂頭喪氣，不拘泥於瑣碎之事。對瑣碎之事過分擔心，往往會被壓力壓垮。要有全局著眼、大處著手的氣魄；要防止過於孤獨，設法結識一些新朋友，認識一些新鮮事物，以保持精神的平衡；有時候要自我吹噓、自我陶醉、自我讚美一番，保持良好的自我感覺才能振奮精神；要有充分的睡眠時間，損失的睡眠時間要補足；不過分拘泥於成功。失敗是成功之母，有意義、有經驗的失敗要比「簡單的成功」獲益更大；運用幽默、微笑來調節情緒，用自我催眠和深呼吸等方法來放鬆身心。任何時候都不要失去你的自信心。

（二）心理調節方法

　　近年來音樂療法等成為人們消除壓力、排解情緒的妙方，對心情都有其影響，簡單介紹如下：

（一）音樂療法

　　音樂與人的生活息息相關，它能通過心理作用影響人們的情緒，陶冶性情從而達到消除疲勞和振奮精神的目的。美妙動聽的音樂，不僅可以使人心情舒暢，從中得到美的享受，還可以培養注意力集中的能力，鬆弛情緒。採用音樂療法消除疲勞時，可選擇以下一些音樂：《田園交響曲》、《水上音樂》、《春江花月夜》、《藍色多瑙河》、《青年圓舞曲》等。

（二）自我調節法

　　自我調節法是心理療法的一種有效手段。在你疲勞時，要學會休息，休息並不是簡單的睡覺或不學習，它應該是一種對精神和肌體的有效調節，例如：疲勞時，到戶外盡情地活動一番；或和朋友聊聊天，到遊樂園遊玩，看看自己喜歡的電影，使自己澈底放鬆一下。平時的生活作息要有規律，合理安排時間，做到有張有弛，勞逸結合，不可憑自己的興趣和熱情甚至一時衝動來對待學習和生活。當遇到困難與挫折時，要保持寬容、大量、及樂觀的心態，使自己盡快從困境中走出，這樣就能達到心理舒暢，消除疲勞。

（三）身心放鬆法

採用一種特定的身心放鬆方法，可降低緊張和焦慮意識，使人的腦力勞動效率提高，抗疲勞能力增加。其具體步驟如下：

步驟 1 選擇一個空氣清新，四周幽靜的環境。

步驟 2 暫時有意識地放下或忘記自己心目中日常學習功課和一般性工作事務。

步驟 3 選擇一種自我感覺較舒適的姿勢，站、坐、躺均可。

步驟 4 活動身上的一些大的關節與肌肉，動作不需要規範或固定格式，但做的速度均勻、緩慢，直至關節放開，肌肉放鬆。

步驟 5 保持呼吸自然、流暢，盡可能不用意識支配呼吸，而達到在安逸悠然自得中忘掉呼吸的境界。

步驟 6 意識放鬆。集中注意力，把意念轉到某一物件或有意識地注意放鬆到整個身體，而達到一種清靜的清醒狀態。想像一些美好的事情，以達到忘我的境界，這是調節身心平衡，戰勝疲勞的關鍵。

生命總是有起起伏伏的時候，快樂與憂傷交替更迭。近日因某事心裡煩悶，總覺人生道路似被阻礙般停滯，不知該走向何方？

某一日搭公車，身旁站著一對母子，猛然地，司機煞了車，小孩跌倒了，便抱著媽媽的大腿哭了起來，媽媽以疼惜的語氣對小孩說：「乖乖，把髒髒的地方拍一拍，要勇敢一點喔！」我笑了笑，覺得這對母子是天外飛來的鼓勵，在自己情緒低潮時幫我打了一劑加油針。

這感動是精神上的，而不是物質上的，如果今天我中了樂透彩或獎金，或許不會那麼有感觸。對於情緒低潮的人來說，再多的物質，都比不上一句適時而溫馨的鼓勵，與靜靜地聆聽，因為那代表了，鼓勵的人或聆聽的人願意陪伴情緒低潮的人，幫助他們走過生命的挫折，有勇氣重新地站起來，微笑而開朗地面對未來的一切。

本章摘要

1. 情緒是人對事物的感受，經由外在的刺激或內在的身體狀況，所產生的一些喜、怒、哀、樂、恐懼、忌妒、詫異等複雜的情感反應，而這些反應就影響了我們生理和心理上的變化。情緒的另一種解釋為現實狀況和內在想法有了差距和出入時，情緒就會由此而產生。

2. 近代西方學者認為人的基本情緒分四類：喜、怒、哀、懼。

3. 情緒有明顯的社會性包含：(1) 需要、滿足為喜，有利生存發展；(2) 厭惡、拒斥、逃避為懼，以利保護自身；(3) 認知與評價。

4. 生氣分為兩類：(1) 因為時間壓力或資源不足所導致；(2) 毀滅性的怒氣。

5. 管理自己情緒的方法：(1) 辨別情緒種類及問題本身；(2) 蒐集問題的成因，建立產生情緒的假設；(3) 用假設找到正負關連成因並加以實驗驗證；(4) 建立一套更接近事實，也合乎邏輯的解釋；(5) 調整生理情況的情緒管理方式；(6) 與人討論或交談。

6. 消除情緒壓力的方法：(1) 外顯訓練方法；(2) 內隱訓練方法。

7. 心理調節方法：(1) 音樂療法；(2) 自我調節法；(3) 身心放鬆法。

本章問題與討論

1. 說明情緒的類型，並試著分析自我情緒的特質。

2. 情緒有明顯的社會性，說明其意涵。

3. 說明管理情緒的方法及其步驟為何。

4. 面對社會競爭的壓力，應如何消除壓力。

5. 當怒氣控制了情緒，如何應用心理調節方法來克服。

筆記頁

Chapter

07

自我人格特質的建立

> 「像自己」才能散發出最大的魅力,忠於自己才有助於對自我的認識與了解,如此一來,生活才能起勁,更能善用自我潛能,做好適合自己的人生規劃。

第一節　人格的概念與認知

了解自己的人格有助於專業技能的提升和發揮，但很多人卻誤認為，人格特質就代表一個人好與壞，這是錯誤的觀念，本節將人格的概念與認知做一論述。

一 何謂人格

人格（Personality）是個人在對人、對己、對事乃至整個環境適應時所顯示的獨特個性，此獨特個性係由個人在其遺傳、環境、成熟、學習等因素交互作用下，表現於身心各方面的特徵所組成，而該特徵又具有相當的統整性與持久性。人格具有下述特性。

（一）適應環境的行為模式與思考模式

人格乃指個體面對自己、面對他人、面對周遭環境事物等各方面的適應特性與能力，具有相當的統整性、複雜性、耐久性與獨特性。因此在行為上會表現出特有的個性，出現對人、對事、對物的看法、想法與做法的不同。

（二）生理與心理的綜合特質

人格為個體生理與心理的綜合特質，係從知覺與學習過程而獲得態度發展，本質上具有持久性及統合性，亦存在獨特性與複雜性，如積極、懶散、投機、忠誠等。

（三）在組織中所顯示獨特個性的行為

就組織活動而言，對於員工人格特質的了解，有助於預測個體在組織中的行為。也就是說個人心理與生理的動態組織，而具有獨特適應環境的能力，成為個體與環境交互作用過程中所形成的一種持久性特質。

（四）為個人構成因素的綜合表現

在人格的決定因素方面，人格往往是受到遺傳基因、環境的影響造就而成，並由情境條件居中調節。人格是一種整體的表現，其各項特質都是相輔相成的，無法用單一的特質來完整描述個體的人格，其主要效用在於預測與說明實際行為與績效的能力。

二　正確的人格認知

為什麼我們要了解人格呢？人格特質的了解可協助自己建立更正確的生涯管理，了解自己是何種人格後，可使你知道如何呈現自己，增進你的自信心，加強你洞察事務的能力，建立良好的人際關係。對於人格特質，應持有一些正確觀念與認知。

1. 成年的人、社會閱歷豐富的人、或曾經受過傷害的人，其人格特質有時候是隱藏的。

2. 有時候（既成的）社會價值觀也會誤導我們的人格特質。

3. 除了極少數的特例之外，一般人的人格特質都是很中庸的，其歸類只是一種比較而已。

4. 人格特質沒有好壞之分，沒有價值觀的問題。

三　人格的氣質類型特性

根據已有的研究，可以列舉出構成人格氣質類型的幾種特性：

（一）感受性

這是人對外界影響所產生感覺的能力。它是神經系統強度特性的表現，可以根據人們產生心理反應所需要的，外界影響的最小強度，來判斷這種特性。

（二）耐受性

這是人在感受外界事物的刺激作用，在時間和強度上的耐受程度。它表現在長時間從事某項活動時注意力的集中性；對強烈刺激（如疼痛、雜訊、過強或過弱的光線）的耐受性，對長時間的思維活動而能保持優越效果的堅持性等方面。

（三）敏捷性

反應的敏捷性可以分為兩類：

1. 不隨意的反應性：各種刺激可以引起心理的各方面的指向性，如不隨意注意的指向性、不隨意運動反應的指向性等。

2. 一般的心理反應和心理過程進行的速度：如說話的速度，記憶的速度，思考的敏捷程度、注意轉移的靈活程度、一般動作的靈活、迅速等。

（四）可塑性

這是人根據外界事物變化的情況而改變自己適應性行為的可塑程度。表現在對外界環境或要求的變化、主體在順應上的難易、產生情緒上的愉快或不愉快、採取行動的簡捷或遲緩、態度上的果斷或猶豫等方面。

（五）興奮性

表現神經系統的強度特性，也表現平衡性。有的人情緒興奮性很強，而情緒抑制力弱，這就不但表現神經過程的強度，而且明顯地表現了興奮和抑制不平衡的特點。情緒興奮性還包括情緒向外表現的強烈程度。

（六）外傾性與內傾性

外傾性是興奮性強的表現，內傾性則是抑制過程占優勢的反映。外傾的人表現為心理動作，言語反應和動作反應傾向表現於外，內傾的人的表現則相反。

第二節　人格探索與生涯路

要做好生涯規劃，對自己的探索、評估與分析是最重要的；如果一個連自己是什麼樣的人、自己擁有什麼都無法說清楚的人，是很難做好生涯規劃的。探索了解自己的方法，並不一定要做心裡測驗或找輔導專家；只要你能常常坦率的「表現自己」，並去比較不同的人對於你相同「表現」的看法，是否相同及其原因，慢慢你就會了解自己是一個什麼樣的人。

一　人格探索的層面

人在後天形成了很多固有理念、思想框框，特別是人在私心的作用下，在頭腦中產生了很多不好的思想，這些都是後天形成的，都不是真正的自己。能夠找到先天真正的自己，不帶任何理念的用自己的真本性來思考問題，看待周遭一切事物，才是真正地認識自己，就好像人把戴在眼前的變色鏡摘掉，才能看到世界的本來面目一樣。

對於人格的了解必須全面的包含幾個重要探索的層面，才有可能做好生活管理：

1. 智慧能力狀況、行動能力狀況、操作能力狀況、體耐力狀況。

2. 社會適應狀況、情緒能力狀況。

3. 生活獨立、自主的狀況。

4. 個人重視的事物、價值觀。

5. 自信心、自我接受的狀況。

6. 人際關係狀況（如對自己的關心、支持的人是誰等）。

7. 生活中經常從事的興趣或活動。

8. 養成對自己有助益的生活習慣、或是有限制的生活習慣。

除此之外，你所處的環境對你有哪些助力或有何限制；哪些是立即可以運用的資源，是你只要稍微再努力開發就會有的資源，這些都是你在做生涯規劃時必須同時評估與分析的。

二 人格類型的生涯路

社會多數人的生涯規劃可分為下面四個典型：

（一）塵埃落定型的生涯路

這類型的人喜歡保守、安定的工作，生活不喜歡變化。喜歡與固定的人交往，習慣用禮俗相互交往。

（二）自我創新型的生涯路

這類型的人喜歡不斷追求創新與變化，不在乎別人的支持與肯定，但能從小成就中累積自信，相信自己的直覺與判斷。

（三）資產創新型的生涯路

這類型的人以累積自己的資源與財富做為生活的目標，凡事考慮效益，並喜歡有挑戰性的工作，與人的關係較偏向互惠，有功利取向。

（四）累進技術型的生涯路

這類型的人較重視的是個人能力與工作相關技能的累積與提升，較不重視人與人之間的關係，凡事強調步驟與具體操作。

　　雖然每個人對生涯目標的規劃與管理都是不同的，但在生涯的歷程中你不會是唯一與孤獨的，仍有許多人與你有著相類似的軌跡，彼此是可以互相分享與支援的。生涯規劃的實施也不是進行一次以後，就一成不變的，生涯規劃是一個邊實行邊修正的過程。

　　從具體的實行中發現規劃的方向與步驟，如何緊密和生活狀況連接配合。不管現有條件為何、不管是否第一次做生涯規劃，應試著把握原則。由現在開始從生涯規劃中擬出方向與步驟，透過生涯設計、規劃與管理，讓自己擁有滿足而愉悅的人生。所以不要害怕規劃錯誤，也不要只是口頭或腦海裡進行生涯規劃，應該落實到生活的行動中，而無知更不應該成為生活盲、亂的藉口，只有我們自己才是自己生命的主人。

三　自我人格的調整

　　人格調整是指暫時調整一些行為，以改善人際互動結果。以下是幾個主要概念，所傳達的是自我風格調整的許多重要意涵。

（一）人格調整改變的是你的行為

　　人格調整不是去改變別人，而是改變自己，如果試圖改變別人好讓彼此更相容，只會讓一段原本就沉重的關係再添壓力，因此接受別人的人格會帶來三種正面結果。

　　1. 你不需要等別人改變成你做事方式後，才能讓關係步上軌道。

　　2. 試著去適應別人，不但讓你更感覺到大權在握，常常也能幫助你達成目標。

　　3. 若你讓別人覺得跟你一起工作變輕鬆時，對方通常也會將自己的行為改變成你所喜歡的樣子。

　　因此試著找出方法，讓別人可以輕鬆愉快地和你一起工作，提高生產力。建議你對人際互動的方法是：「我將做我所能做的，讓他覺得和我一起工作很輕鬆愉快。」

（二）人格調整是調整某些行為

舉例來說，阿信的主管約翰是一位駕馭型的主管，而阿信的人格是屬於分析型，他知道自己慢條斯理的說話方式和對細節的重視，常讓約翰感到不耐煩，因此決定調整自己與上司約翰的開會方式，阿信改變兩種行為：第一加快自己的說話速度，第二將報告內容集中在某些重點上，只有當他認為絕對必要時，才會引述細節。阿信驚訝地發現那次開會，是他和約翰有史以來最好的一次。

諾托瑞斯（Clifford Notorius）和馬克漢（Howard Markham）這兩位心理學家，研究人際關係長達二十年之後，做了以下結論：「你的小小改變，能大大轉變關係。」許多學者專家經數年來的觀察、經驗，也支持這個論點：調整少數行為，即能大大改善人際關係。

（三）關鍵時刻再調整人格

有自己的做事方式，對自己的工作方式和與人相處的模式，覺得很自在，而這些模式，大半時候也運作的很不錯。這些為人處事的習慣，可能是你花了一輩子的時間才創造出來的。同樣的，與你共事的人，他們也有自己的一套習慣，而且可能與你的習慣相距甚遠。如果不同的人聚在一起工作，彼此都不願適應對方，可能就會發生嚴重的問題。每次只要有人一起工作處不來，就會造成溝通窒礙、合作受阻、機會喪失等情形，而生產力也一定會每況愈下。

詩人桑德堡（Carl Sandburg）有篇關於變色龍的故事，就提到這一點。故事提到有一隻變色龍，它每一分鐘都調整自己的顏色以配合環境，日子也過得還不錯。但是有一天，它必須爬過一片蘇格蘭格子披肩，結果死在格子與格子之間的交叉點上。

彈性也可能使用過當。過度適應他人的人，並不會將自己特有的長處帶進一段關係中，反而會失去大部分的活力，非但無法建立和諧關係，反而會造成關係緊張，讓人無法信任。行為不像平常作風的人，會讓其他人覺得不自在，這就是為什麼我們建議只在重要時刻才做有意識的風格調整，暫時地調整一些行為的理由。

第三節　自我人格特質檢測

　　了解人格特質，可自省自己從未察覺過有關內心深處的慾求與動機，找到真正的自我，也能使原本不了解自己的人，從中發覺自己的優點，進而接受、更喜愛自己。人格九型圖的智慧可運用於了解他人，對於早已熟悉的家人、朋友、同事等，也會有新的見解及看法，使自己與他人相處更融洽。現在就讓我們來了解人格九型圖從第一型到第九型的特性：

 第一型：追求完美型

（一）正向性格

　　比別人更加倍的上進心，總是努力於充實、成長自己。對於該做之事會全力以赴，絕不偷工、草率或中途放棄。有很強的實行力，所以事事可以持續長久。身旁事物皆井然有序，對自己行事要求高，也不允許世上的不公平與不平等。為了改善社會，導向更好的方向，常不考慮到得失而率先行動，是個有改革社會能力的人。

（二）負向性格

　　因為凡事要求完美，所以經常抱持不滿的態度，不僅嚴以待己，更嚴以待人，且常批評他人。深信自己才是最正確，因而大肆宣揚自以為是的正義感。雖然謹慎、仔細，但也常毫無效率地浪費時間，始終卡在某一點上出不來，往往為了不誤時，反而會在中途即腰斬。

 第二型：樂於助人型

（一）正向性格

　　對他人親切、體貼，是個連細節都肯用心的人。對他人的事看得比自己的還重要，經常替別人操心、煩惱。為了別人赴湯蹈火也在所不辭；別人有困難時就先幫忙，反而將自己的事情置諸腦後。是個對社會上的弱勢族群賦予強烈的同情，為了支援他們肯發揮完全的奉獻精神以及付出勞力的人。對人抱持好感，擁有能發現任何人「良善面」的能力。慷慨、大方，經常與人分享自己的擁有。很在乎溫暖的人際關係。

（二）負向性格

流於強迫推銷自己的親切，而變成好管閒事，容易干涉別人，甚至衝口說出他人所不願人知的隱私。當高估了自己為他人付出的奉獻、膨脹了自己在心目中不可或缺的地位時，對於接受協助的對方，就會擺出拯救者的高傲姿態。而在感情方面占有慾很強，當對方困擾或得不到對方回應的愛意，則會一反初衷變成攻擊的態度。為了讓自己能被愛，會暗中操控使對方照自己所想行事。

（三）第三型：追求成功型

（一）正向性格

富挑戰、積極的精神。一旦清楚自己想要的目標，就會發揮全力以赴的最高效率來完成目標。行動乾脆、俐落，不做無謂浪費。是個為了事業打拼，絕不惜犧牲私事的人。具有企劃、說服能力，善於帶領周遭的人，於團隊中的工作如魚得水，比孤單奮鬥更有效率。是個能拉攏隊員，位居團隊核心，深具領導才能的人。

（二）負向性格

因為只重效率，反而忽略了過程，有時為達到目的而會不擇手段。經常偽裝在「優秀又有魅力」的光環之下。與他人相較高下時，在自我色彩濃厚的競爭下，會表現出占上風的傾向。而為了自我保護，甚至還會搶他人功勞，或故意陷入鬥爭中。會以眼前所見的社會地位、經濟能力、聲望等來判斷一個人，對社會中的弱勢者會以冷漠對待。為達到自身目的，也可以犧牲掉朋友、家人的隱私。很容易變成為事業打拼而忽略掉家庭的工作狂。

（四）第四型：追求個性型

（一）正向性格

感覺敏銳、纖細，內心世界豐富、多彩。思緒敏感，擁有能理解細膩感情的共鳴能力。對他人的內心傷痛，更能引起感同身受的共鳴。為了能了解對方的心情，總是親切、體貼地相待。是個優雅、親切、善體人意的人。想像力豐富、創意十足，並且能以自己的方式表達出自己的內涵。是個不會拘泥在既成的價值觀及道德觀下，愛好藝術及一切美好事物，有優秀的鑑賞力和優雅、高尚的興趣。

（二）負向性格

個人感受性過強，容易感情用事而失去判斷事物的客觀性。自認不同於他人，覺得只有自己才最特別，由於重心擺放在自己的內在感受，所以只看到自己，只會憐惜自己。於是，往往就變成自己貼上不幸標籤的悲劇主角，對他人的感情詮釋，也總以自己的解說來下獨斷。心情低潮時會躲入自己的內在，從現實中岔離，性喜心情用事，遇上不合意的事絕不去做，所以欠缺一分社會性的責任感。

五　第五型：觀察、思考型

（一）正向性格

冷靜、理智，遇事絕不感情用事，故能做客觀性的判斷，與生俱有優秀的洞察力、理解力，使得一眼即能看出事件的本質，凡事皆能架構出條理，且按部就班。有關自己興趣的領域，吸收大量的知識、技術，因此成為某方面的專家。不好管閒事，所以不會去探求他人的隱私。不喜誇耀自己的學識、專長，有時喜歡與人共享新知、訊息。

（二）負向性格

腦筋轉得快、點子多，卻獨缺行動力。好說理，總拘泥在小節，而無法全盤掌握。在金錢及物品上，顯得吝嗇、小氣。因為凡事皆需先考量後才行動，所以只會定計畫行事，缺乏臨機應變的能力。下意識地偏向自己的內心世界，不太與人維持人際交往，疏離親友，離群索居般地將自己孤立起來。

六　第六型：行事謹慎型

（一）正向性格

社會常識豐富、通事理、遵守規則、秩序。處事嚴謹、律己甚嚴，認真執行自己該盡的義務。勇於表達自己的意見，且懂得與人協調。他人深覺無趣、平凡的工作、事情，仍努力不懈，喜歡凡事按部就班收拾整潔。給旁人的印象大概屬於「不浮華、認真的人」。會尊重、服從長輩。還兼具獨特的幽默及機智。在團體中是個深具魅力的甘草人物。

（二）負向性格

　　凡事嚴守約束、遵照規則而行，欠缺變通、柔軟面。也可說就是所謂「手冊人」的傾向；有時對事物看法相當執著、偏見。為了保護自己，會藉由權威來支撐、偽裝。人際交往上會順從於強過自己或地位高於自己的人；對屬下或後進則會擺出高不可攀的態度。在熟悉的團體內氣勢不弱，但是在陌生場合或陌生人面前，也有緊張、不知所措的一面。

（七）第七型：豪爽樂觀型

（一）正向性格

　　對事事物物皆熱情投入，且同時能並行數件事，相當靈巧。富好奇心，對任何事皆興致勃勃，同時還兼具有積極性及行動力。在人際關係上，是個可與任何人交往，不侷限自己的人。善於製造現場氣氛，帶歡樂、活力。對於過去事絕不愁眉不展，總是看見事情的光明面，即使面臨辛苦的現實，也不失望，擁有生活愉快的能力。

（二）負向性格

　　穩重度不夠，像無頭蒼蠅般忙碌，欠缺注意力、耐力。能同時進行多件事情，卻也常半途而廢，放棄事先花費一番心思的策畫，結果無法達成目標，而得不到成就感。強制力、壓力忍受度很弱，偏向好逸惡勞的眼前歡樂。經常將罪過推給他人，很沒有責任感。有購物狂傾向，屬於容易沉迷嗜好的類型。

（八）第八型：自我主張型

（一）正向性格

　　意志力強、果斷、行事積極，不依賴他人，自己的世界自己開創，是旁人眼中的強人。對他人的謊言、偽善，能敏感察覺，因此討厭陽奉陰違、不能接受諂媚、奉承的巧言令色。但從另一角度來看，則內心相當脆弱、易受傷，可是又不願被人識破，更不願放下身段去拜託、依賴他人。度量相當大，不易流露出感性，會自我壓抑，是個自制心很強的人，很能掌握場合凝聚周遭的人，因此常位居團體中的領導地位。

（二）負向性格

容易對他人懷有敵意，有時甚至就會與對方吵起來。急性子並且常突發奇想，凡事皆抱持著要立刻且是非分明的執著，強勢地堅持己見，想什麼就說什麼，因而常得罪人，凡事都獨力完成，有相當固執、堅強的一面。對社會懷有抗拒的心態，傾向於不在乎既定的社會傳統及約束，常控制不了自己的憤怒，當周遭不符己意時，會將怒氣發洩在他人或事件上。屬這型的女性較有「男性化」的性格特徵。

九　第九型：愛好和平型

（一）正向性格

任何時候皆不慌不忙、悠閒自在，有股不可思議的踏實感。樸實無華，予人溫暖、柔和的感覺。無論身處何地，從不捲入周遭的紛爭，一向都以自己的步調生活著，有事相談會專注傾聽，是個很好的傾吐對象。是個能摒除己見，自然調和周遭人事的和平製造者。平常並非屬於活動型人物，只是一旦認真投入，會盡全力澈底探索。

（二）負向性格

凡事皆不主動，懶散、怠惰，什麼事都嫌煩，懶得去做，能不做最省事，即使手上有待辦之事仍拖拉不動。人際關係上為避免摩擦常詢問他人的意見，雖然能傾聽他人心意，但往往唯諾是從，輕率的答應結果使得麻煩不斷。感情上從不聆聽、碰觸自己的內心感受，經常信心不足，故常陷入「我毫無價值」的自我否定思緒中。

第四節　發展自我人格模型

所謂模型，其實就是「心智工具」（tool for the mind），這個名詞是十七世紀，當代科學始祖之一的培根（Francis Bacon）所發明的。所以可稱為「心智模型」，心智模型，就是以「經由經驗及學習，腦海中對某些事物發展的過程，所寫下的劇本」，是你對事物運行發展的預測。

　　一個人若擁有完整而健全的心智模型，他對事物的發展就可以做出準確的預測，也就有能力做出比別人好的判斷。我們形容人，有時會用「有眼光」、「有遠見」、「運籌帷幄之中，決勝千里之外」，就是用來稱讚那些對某些事物的心智模型比常人精確的人。如何建立自我人格心智模型的方法，分述如下：

 親身體驗

　　我們常說「讀萬卷書，行萬里路」，就是在強調經驗的重要。親身體驗常常是建立人格心智模型最直接最快速的方法。沒有經驗的人，即使讀書破萬卷，也很難在心目中對事物有具體的印象。

　　舉例而言，高中物理有一個彗星運行的原理，根據公式推算，彗星會在靠近地球的時候，受到地心引力的吸引，加速接近地球，不過這速度，反而又成為它離開地球的動力。光從物理公式中推導出這個現象，其實是一點「感覺」也沒有。若可以親身至科學館，館內有一個地心引力的模型，是一個中間有洞的漏斗形大圓盤，當你從旁邊斜斜滾下一個像撞球一樣的小圓球後，小圓球就逐漸加速往中間的洞「代表地心引力」滾進，等到它最接近中心時，它所累積的動能又讓它繞過中心，從另一邊滾回來。就這樣，向地球繞太陽轉一樣，轉出一圈圈橢圓形的軌道。由這個大圓盤中，可以解開對物理現象的許多疑惑。

 不斷的修正

　　成語中有所謂「成見太深」、「冥頑不靈」、「不知變通」、「故步自封」，那是因為有些人只相信自己的經驗所建成的人格心智模型，而不知道適時的修正它，讓它更能符合實際。

　　舉例而言，對一個小學生而言，在玩皮球多次之後，對物體運動的概念大概是「所有的物體終究會停下來」。等到上國中，學習牛頓第一運動定律：「動者恆動，靜者恆靜」之後，人格心智模型就會轉變「所有的物體如果沒有外力的介入，會保持原來的速度，如果原來的速度就是零，那他就會保持靜止的狀態」。但實際模型滾動和理論不同，而有摩擦力的概念之後就會有完整的概念。

　　因此由經驗與學習中，不斷的質疑，印證，不斷改進人格心智模型，使它更精確，更完整，也更能解釋生活中的經驗，使我們在遇到新的狀況時，更有能力處理。

三 重新建立成見

　　每個人，多多少少對事物的發展，都會自然的產生一些「成見」，利用這些成見，來對事物的發展做預測。當預測成功，我們對這個成見就愈信任，愈「自以為是」。當這個「成見」預測失敗時，就會想要找一些理由來解釋著失敗的原因。「檢視成見」、「鞏固成見」、「修正成見」、「放棄成見」的過程，就是整個人格「心智模型」改進的歷程，也就是重新建立成見。這個過程會不斷重複上演，而我們也就在這個過程中，不斷成長。所謂「破壞是建設的開始」，其實是非常有科學根據的。

　　舉例而言，一位女孩子，第一次談戀愛的時候，他可能覺得「愛男朋友的方法就是每天為他準備一個便當」，然而，過了不久，她向大家宣告失戀了，她懊惱的到處哭訴，「我是這麼的愛我的男朋友，但他居然辜負我，天理何在啊！」。

　　在這個階段，我們可以發現，這個女孩對人格愛情的心智模型是這樣的：「(1) 做便當是愛的表現；(2) 我做便當給我的男朋友，我的男朋友應該知道我愛他；(3) 我愛我的男朋友，所以我的男朋友也應該愛我，這才是公平的。」

　　可當她學到「愛一個人，不一定要擁有他」，覺得蠻有道理的，就推翻原來自己人格愛情心智模型第三條「我愛我的男朋友，所以我的男朋友也應該愛我，這才是公平的」而改成「我雖然愛我的男朋友，但他是可以選擇不接受我的」。重新建立了一個人格的心智模型。

四 經常使用模擬

　　藉由經驗或者學習的過程中，不斷地測試自己的人格心智模型，才有機會做驗證及改進的工作。有句話「下等人，犯了錯不知道學習；中等人，犯了錯來學習；上等人，由別人的錯誤中學習。」只靠自己經驗學習的人，不僅進步速度緩慢，也容易產生偏差，因為我們自己的生活圈可能過於狹小，所碰到的經驗，不完全是普遍現象，有些只是特例，用特例建立起的人格心智模型，只能預測特例，而無法預測一般狀態。

　　近年來，提倡「閱讀運動」也是因為書本是一個很好的訓練自己人格心智模型的環境。我們可以從書中獲得大多數人的人格心智模型，參考別人的人格心智模型，藉著他人的人格心智模型增加自己的見聞，以加強自己的想像力、創造力、包容力，這是閱讀給人們最大的功用。

本章摘要

1. 人格是個人在對人、對己、對事乃至整個環境適應時所顯示的獨特個性，此獨特個性係由個人在其遺傳、環境、成熟、學習等因素交互作用下，表現於身心各方面的特徵所組成，而該特徵又具有相當的統整性與持久性。

2. 人格特性：(1) 適應環境的行為模式與思考模式的特性；(2) 生理與心理的綜合特質；(3) 在組織中所顯示獨特個性的行為；(4) 為個人構成因素的綜合表現。

3. 人格氣質類型的幾種特性：(1) 感受性；(2) 耐受性；(3) 敏捷性；(4) 可塑性；(5) 興奮性；(6) 外傾性與內傾性。

4. 人格類型的生涯路：(1) 塵埃落定型的生涯路；(2) 自我創新型的生涯路；(3) 資產創新型的生涯路；(4) 累進技術型的生涯路。

5. 自我人格的調整幾個主要概念：(1) 人格調整改變的是你的行為；(2) 人格調整是調整某些行為；(3) 關鍵時刻再調整人格。

6. 人格九型圖從第一型到第九型的特性：(1) 追求完美型；(2) 樂於助人型；(3) 追求成功型；(4) 追求個性型；(5) 觀察、思考型；(6) 行事謹慎型；(7) 豪爽樂觀型；(8) 自我主張型；(9) 愛好和平型。

7. 心智模型，就是以「經由經驗及學習，腦海中對某些事物發展的過程，所寫下的劇本」，是你對事物運行發展的預測。

8. 建立自我人格心智模型的方法：(1) 親身體驗；(2) 不斷的修正；(3) 重新建立成見；(4) 經常使用模擬。

本章問題與討論

1. 說明人格的氣質類型，並舉時事人物為例，說明其性格與其成就之關係。

2. 閱讀完本章，請以生涯路徑類型規劃出自己的生涯路徑。

3. 以自己的人格為例，說明人格九型的正負性格。

4. 說明建立自我人格心智模型的方法。

筆記頁

第三篇

「放眼」望時代

職場環境
趨勢
- 經濟環境的認識
- 未來的職場趨勢
- 新時代的上班族

探索職場
- 認識職場文化
- 職場的人際關係
- 樂在工作

如何找一
份好工作
- 個人、家庭與工作
- 求職的前哨戰
- 如何明天就上班

Chapter

08

職場環境趨勢

一、經濟環境的認識
二、未來的職場趨勢
三、新時代的上班族

在龐大的上班族人口中,你是不是像多數人一樣,帶著一貫的表情,在規定的時刻裏,做著固定的工作;忘了問自己:「我想要什麼?」、「我愛做什麼?」、「我願意做什麼?」評估自我條件,分析優缺點,揚長隱拙,堅執所擇,適性適才的工作,會使你在眾多競爭者中脫穎而出,提高勝算。除知己外,認識工作環境的知彼方面,更有助於我們往成功的方向前進。

第一節　經濟環境的認識

　　處於如此知識快速流通的時代，我們所面臨的即是「知識爆炸」和「資訊超負載」（information overload）的現象。當前的資訊社會中，資訊科技固然居於關鍵性的連結地位，但是知識的應用卻是最終的關懷。

一　知識經濟時代的來臨

　　「知識經濟」無疑是近年來國內外學術與實務界探討最熱門的議題之一。其緣由或許是因為美國自從 1990 年代開始，在高科技產業的推動之下，展現了蓬勃的經濟成長，矽谷、微軟、科思等成為知識應用與創新精神的同義詞，一時之間，「新經濟」與「知識經濟」的呼聲響徹雲霄。而知識經濟和傳統經濟有何不同之處呢？請參考如表 8-1-1 所示：

表 8-1-1　傳統經濟與知識經濟的比較

議題	傳統經濟	知識經濟
生產因素	重視有限資源如土地，報酬遞減法則無處不在。	重視無形資源如知識，出現報酬遞增法則。
財富來源	有「土」斯有財。	有「人」斯有財。
優先次序	「資金」與「市場」，著重硬體發展（如工廠、大樓）。	「人才」與「知識」，著重軟體發展（如網站、專利）。
優秀人才	投入「完美的管理」。	投入「策略的創新」。
限制因素	經濟活動受制於時空，難以全球化。	超越國界、邊界及時間，必須全球化。
市場通道	「供給」與「需要」決定價格；「價格」具吸引力；使用者付費；交易成本高。	「電子」與「網路」決定速度；「速度」具吸引力；出現「免費」資訊；交易成本低。
利潤來源	在安定的市場秩序中追求。	在創新及冒險中尋找。
投資預期	相信「賺錢有理」的實質世界。	相信「冒險無罪」的虛擬世界。
市場變化	產品變化少、生命週期長、附加價值低。	產品變化大、生面週期短、附加值高。

議題	傳統經濟	知識經濟
公司文化	秩序與和諧。	重視速度與忍受混亂。
失敗主因	高成本、低效率。	市場脫節、顧客轉移。
「變革」態度	處變不驚、戒急用忍。	分秒必爭或坐以待斃。
政府措施	業者歡喜政府保護、津貼、獎勵。	業者希望政府推動鬆綁、民營化、公平競爭。
誰授青睞	規矩的「公司人」。	顛覆傳統的「革命份子」。
假想敵人	今天的「競爭者」，爭的「你死我活」。	尚未出現的「替代者」，因此會出現與競爭者共舞。

資料來源：高希均（2000），頁18。

 全球化與資訊化的世界

　　資訊科技引領社會脈動的潮流，具體的表現在兩個層面：資訊社會（Information Society）的來臨和全球化（Globalization）的趨勢。全球化可視為跨疆界之經濟、政治、社會、文化關係的增強，同時加上資訊科技的推波助瀾，世界逐漸被壓縮為「具有一體意識的世界」，其影響深及我們所理解、經驗與行動的世界，涵蓋了社會生活的每一個面向。在歐美先進國家和許多國際經貿組織（IMF，World Bank，GATT 和後繼的 WTO）的推波助瀾之下，全球化已經成為一種支配性的世界觀和意識型態。

　　企業經營者將全球化視為擴張商業版圖的重要指標，全球化趨勢所涵蓋的各類跨國經濟活動、頻繁文化交流、便利電信通訊等面向都深入影響一般人民的社會生活，其對政治層面的衝擊更是不容忽視。全球化挾其自由主義與個人主義的核心意識型態，將世界視為單一個體，企圖弱化傳統民族國家角色，放棄人為的政治疆界，形成各種國際事務交流的無障礙空間，組成單一世界性公民社會。

　　資訊社會興起的同時，網際網路擴張的結果也助長、帶動了全球化趨勢，其他原因尚包括公司盈餘累積（surplus accumulation）速度提升、全球性市場 的興起、跨國性生產的可能、產品全球化 、跨國公司的結構、全球性金融市場的建構、美國或歐洲先進國家的介入與推動、國內市場的萎縮、民眾期待的高漲、資訊科技的創新，以及聯合國所屬機構的推動等因素。

三　知識的力量

「知識就是力量」這句話是大家耳熟能詳的，長久以來人們一直追求利用現有知識創造新知識，尋找如何將知識轉化為生產力的方法。知識的範圍分為「資料」、「資訊」、「知識」、「智慧」四項：

1. 資料：未經處理消化之原始資料。

2. 資訊：把所有的資料視為題材，有目的的予以處理，藉以傳達某種訊息。

3. 知識：藉由分析資料來掌握分析的能力，也是開創價值所需的直接材料。

4. 智慧：以知識為根基，運用個人組織的應用能力，來實踐、創造企業的價值，如（圖 8-1-1）所示。

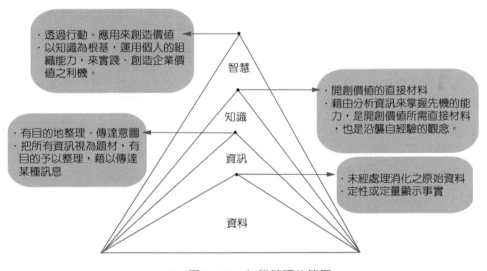

▲　圖 8-1-1　知識管理的範圍

知識管理是組織內的經驗或知識可以有效的記錄、分類、儲存、擴散及更新的過程。有關知識的範圍，學者認為有四層的結構。資料是定量顯示事實，資訊是有目的地整理來傳達意念，知識是開創價值的直接材料，智慧是透過行動、應用來創造價值。

在多變的時代中，只憑文件管制和資料管理不足以建立競爭優勢，知識管理並不只是管理文件、資料或知識，而更要使個人或組織在工作時運用智慧。有關資料、資訊與知識的轉變過程請參閱（圖 8-1-2），知識轉化到智慧的過程請參閱（圖 8-1-3）。

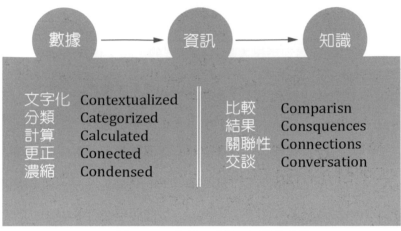

▲ 圖 8-1-2　數據、資訊、知識的差異

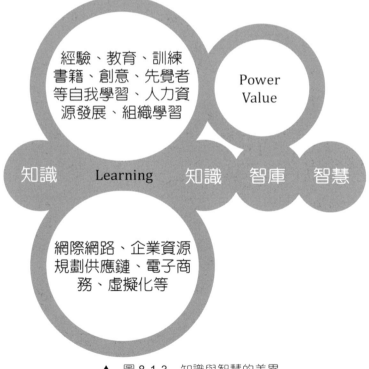

▲ 圖 8-1-3　知識與智慧的差異

第二節　未來的職場趨勢

　　社會在多元化的大傘下，每一個生命都有了更多的可能性和選擇，對工作或事業也有了更寬廣的選擇空間。從一而終的就業觀已經改變，目前所談的是階段性的生涯規劃，亦即一種因著不同年齡、不同內在需求和外在變化，而不斷調整每個階段的工作型態。

 產業的轉型

（一）從生產轉向技術

　　臺灣的傳統產業發展至今，已從生產為主的科技職場，邁入以技術為主的科技職場。每一新世代廠的人數逐漸減少。奇美第一座廠的總員工為一千一百人，到第二座廠時降為一千人，第三廠只需八百多人。接下來的科技職場，生產線上的工程師的需求比例會愈來愈少，而且能力會被要求提高。如通訊產業的製造線上，現在最需要的是能負責從研發、生產到成本控制整個系統的人才，而不再是過去單純的生產線工程師，科技職場人力需求比例會逐漸增加的是附加價值高的研發人員。隨著新世代的技術出現，以後生產線工程師要同時具有設備與製程的能力。

（二）數位內容產業的堀起

　　隨著科技發展日新月異以及科技應用範圍不斷擴增，人類已逐漸進入數位生活的時代，再加上世界各國積極發展有線寬頻網路與無線通訊網路，也使得數位遊戲、電腦動畫、數位學習、行動應用服務、網路服務、數位影音應用、內容軟體、數位典藏等數位內容產品及電影、電視、廣播、衛星及行動通訊等數位內容服務業隨之興盛。

　　而隨著網路架構的進展神速，數位內容產業的國際化也開始伺機而動。企業為連結國際間創意網絡，不斷進行「創意工作者生涯價值之最大化」及「創意工作之效率化任務」，以期數位內容產業走出屬於自己的一片天。

終身僱用時代已不在

　　未來，絕大多數的工作型態不會再是全天候的！未來經濟型態的主角，將是「大象」（企業）及「跳蚤」（個人）的混合型態，由於各項競爭激烈，使得企業必須不斷精簡，終身僱用制已經成為歷史。未來理想的組織，就像三葉瓣的醡漿草，葉雖三瓣，仍屬一葉。三瓣分別代表核心工作團隊、約聘人員、及彈性勞工。

（一）短期約聘成為企業用人原則

　　傳統的工作生涯道路是一步一步順著一兩家公司的長廊向前邁進，這種方式已經凋零；根據生涯的道路來規劃學習單一技能的時代也過去了。以今天一名受過至少兩年大學教育的美國青年為例，他可能在職場中轉換過至少十一次工作，在四十年的工作中至少改變三次技術基礎。這是企業以短期約聘為用人原則的時代趨勢。

　　美國電話電報公司（AT&T）有位主管指出，「短期約聘」這個標語正在改變工作的意義：

1. 任務指派代替工作職位：在 AT&T 我們必須推廣一套觀念，就是工作都是臨時的，雖然我們公司內部大部分已經是臨時員工了。「工作職位」已經被「任務」或「工作領域」取而代之。許多國外公司的工作，即以工作團隊來進行，任務一個接一個，整個過程中團隊成員來來去去、不時更動。

2. 專案外包的新運作模式：各個企業已把許多以前自己做的事情，發包給小公司或短期約聘員工。比方說，美國勞動部門中成長最迅速的，就是短期職業介紹所的員工。目前美國最大的私人企業主，既不是通用汽車，也不是 IBM，而是仲介工作的人力資源顧問公司。這個公司擁有大約七十五萬個已簽約的兼職員工，來自各種不同領域的專業人才，願意機動性地接受個案委託。

3. 企業結構的改變：現代企業結構改變帶來的是短期、約聘、零星的人力。各個企業設法剝去疊床架屋的官僚架構，成為扁平而有彈性的組織。金字塔形組織已被取代，現在管理要思考的組織是呈網狀的。社會學家鮑爾（Walter Powell）說：「和金字塔組織相比，『網狀組織步伐較輕快』，

　　『比科層的固定資產更容易分解或重新定義』。」這表示晉升或解雇往往不是根據明確固定的規章，工作任務的定義也不再清楚，網狀組織隨時都會重新調整結構。

4. 群島活動的彈性企業：有位 IBM 主管說彈性企業「必須成為相關活動的群島」。群島的意象很適合表達網狀組織的聯繫模式，就像在島與島之間旅行時的溝通——只不過拜現代科技之賜，是以光速進行的。電腦一直扮演著關鍵角色，取代傳統命令鏈那種緩慢而壅塞的溝通方式。勞動力成長最快的部門都是電腦和資料處理服務，各行各業、各階層職位的人現在幾乎都用電腦工作。

　　但就拿承諾和忠誠來說，「短期約聘」的原則侵蝕了信賴感、忠誠度，以及互相託付的精神。然而短期約聘的工作型態我們也可用另一種說法來看待，信賴可以純粹指正式的事情，對於任務的信賴與忠誠，像在達成交易或仰賴別人的時候。不過通常深度的信賴感是屬於「心知肚明」的，比方說接獲一項艱鉅或根本不可能的任務時，知道誰可以信賴。

　　社會學家葛雷那維特（Mark Granovetter）也說，現代企業網絡的特色是具有「關係薄弱的優勢」，這話一半是指短暫的結合比長期相處對人更有用，一半是說像忠誠這種緊密的社會關係已經不再吸引人。

　　哈佛商學院教授寇特（John Kotter）有鑑於現今企業中典型的短期而疏遠的關係，指引年輕人「寧可在組織外，而不要在組織內」工作。他提倡只做顧問，不要被長期雇傭關係「纏住」；在「商業概念、生產設計、競爭者智商、資本設備以及各種知識的壽命愈來愈短」的經濟中，對企業效忠是種陷阱。一位最近負責縮減 IBM 工作的顧問則說，一旦員工「了解企業是不可靠的，他們就有身價」。態度超然、表面上有合作精神，比基於忠誠與服務價值的行為更有本領對付目前的現實。

（二）「人力派遣」時代的來臨

　　在景氣不佳的時代，企業紛紛以「遇缺不補」來降低人事的成本，但是當公司「遇缺不補」時，卻會導致企業人力不足，無法消化許多工作！因此，企業會大量運用「人力派遣」及「專案外包」的方法來解決這個問題。大量運用「派遣人才」，在歐美、日本的企業行之有年，「人力派遣」在臺灣也不是新興的作法，但是廣泛的運用卻是這兩年的事情。

　　所謂人力派遣，指的是派遣公司與用人企業訂定派遣契約，約定由派遣公司雇用員工後派遣至用人企業，該員工在派遣公司指揮監督下工作。「人力派遣」的標準流程即「要派企業」提出人才需求給「派遣公司」；此時「派遣公司」依人才需求條件去招募並篩選適合之「被派遣員工」，經由明確的契約訂立，「被派遣員工」被派遣至「要派企業」的工作地點上班，並執行工作任務。

　　簡單的說，「人力派遣」是企業一方面可以以「彈性雇用」降低成本之下，卻仍能擁有足夠人力來完成工作的方法。因此，求職者無須執著於尋覓一份全職的工作，派遣人員同樣能在職場上有所發揮。人力派遣對於企業及個人的優勢如下：

1. 降低人力成本：104 人力銀行人才派遣中心表示：「人力派遣的運用，可讓企業減少人事招募、以及人員管理的成本，估計一年可以為企業節省 15 ～ 20% 的人力招募費用，這類就業形式，以美國為例，自 1996 年起，就有超過二百三十萬的派遣員工。臺灣自 2001 年起，派遣勞動人口則也已經超過十萬左右，並逐年增加，且五百人以上的大企業，平均每四家就有一家顧用派遣人員。」，故「人才派遣」受到「外商企業」、「上市上櫃公司」、「政府單位」等的愛用。

2. 降低人員聘雇之風險：以上這種方式可以降低固定的人力成本，更重要的是，企業經常有雇用到不合適的員工的風險，造成企業的重大損失！但是，當企業運用人力派遣雇用員工，即使選擇錯誤，在契約的保障之下，企業不會造成太大的損失。

3. 彈性雇用、專案指派：目前有許多外商企業，已經決定將人力派遣的運用，訂定為公司雇用的重要策略，也就是說，除了公司的核心成員需為正式員工外，派遣人員在企業結構中未來將大幅調高。核心工作團隊掌握企業發展目標、致勝策略、品牌及行銷定位，至於規劃及執行，則交給專業的個人工作者，或人力派遣團隊。

4. 晉升正式員工的跳板：接受「派遣」的工作，對求職者而言，還有另一層優勢！表現優良的派遣員工，「派遣」往往是他們晉升正式職員的最佳跳板，例如：日商企業往往在用人上，會有學歷條件的嚴苛限制，但是派遣人員不會受這些限制的約束。因此，表現績優的派遣人員雖然「個人條件未達企業用人標準」，但在派遣期滿後，受到企業的邀約晉升成

為正式員工的例子比比皆是。因此求職者，可以用「先求有、再求好」的心態看待派遣工作！視「派遣工作」是進入夢寐以求的公司的「敲門磚」！至於是否可以成為正式人員，未來的發展還是掌握在求職者手上。

派遣人員與派遣機構需簽訂勞雇契約，雖然目前勞動派遣法尚未立案通過，但受的是勞動基準法的保障，人力派遣業者也必須遵守就業服務法、民法、勞動基準法、公司法等相關法令的約束，因而就業權益上有一定的保障。而目前剛上路的新制勞退方案中，則對派遣人員的相關福利做了一些保障，即雇主每月也得提撥固定比例的薪資至派遣人員的勞退帳號，以做為其勞退基金，避免顧主以顧用人力派遣人員來迴避勞工退休金的問題。因此，未來人力派遣的任務指派，也可做為職業生涯規劃的新方向。

新時代的浪潮

（一）新工作浪潮

近來的失業者中許多是被「新工作浪潮」所打敗的，社會變遷的速度極快，一再淘汰趕不上各種浪潮的工作者，這些浪潮包括：

1. 民營化：全球都走向「民營化」，相對的，國家在財力有限的情況下必然用人謹慎，只要工作是和「國家」結合的，不論是公務員、軍人、國營企業員工或公立學校教師，都會面對愈來愈難保住「鐵飯碗」的現實。

2. 透明化：資訊透明、遊戲規則透明、制度透明，什麼都得公開，都需要面對競爭，想要靠著黑箱作業或以利益輸送確保生計，是愈來愈不可能了。

3. 微小化：組織為了隨時調整應變，必然是個小而美、小而強、小而有彈性、小又有特色，才可生存。相對的，「大」常與僵化、守舊、腐敗劃上等號，又因為要負擔龐大的人事費用而難有突破。

4. 民主化：民主是人們都接受的生活方式，民主提供人們參與的機會，民主制度有足夠的彈性，民主體系反對個人英雄主義。所以「人治」將愈來愈少，沒有任何人是不可少的，沒有任何人是不能替換的。

5. 標準化：全世界的會計制度是相同的，電腦系統是相同的，作業流程是相近的，只要你開始設立網址，你就參與已標準化的網路運作模式。不願加入者，漸漸失去舞臺。抱殘守缺，食古不化的個人或組織都只能等著被淘汰。

6. 全球化：電子時代帶來新遊牧民族，人人要「逐水草而居」，水草就是新的工作地點，可能是中國，也許是東南亞，甚至是更遠的異鄉。意願高、適應力強、彈性大的人就容易生存和發展。

（二）E 時代的趨勢

　　觀諸歷史發展，人類文明歷經多次變革，自工業革命、電子產業革命，到現階段的網路革命，使人類活動空間增加，交往更加頻繁，傳統商務已不敷使用，被新一代的網路企業取代已是無法避免。企業日後因應的五大網路趨勢如下：

1. 網路經濟（Cybereconomy）成為主流：新的買賣方式將創造出一批新型態的線上消費者，他們期待更快速的運送、更簡便的交易方式，以及更實際的資訊。傳統企業將在網路空間中運作，而線上企業也會採用傳統的方式經營。

2. 線上勞動力蔚為風尚：Intranet 把更多的資訊交到了員工的手上，並且建立起虛擬的工作社群，永久地改變了個人和公司工作環境的生態。企業和外部世界（包括供應商和消費者）之間的藩籬將消失無蹤。產品、資訊及服務提供者手中的權力也轉移到這些產品、資訊及服務接收者的手中。

3. 產品變成了商品：新的互動過程將巨幅地改變產品價值的定義方式。更重要的是，由於價值的定義是隨時調整的，這也表示價格的制定將變得更加即時而具彈性。

4. 消費者變成資料：用來即時分析及預測消費者行為的新科技將要求公司改變組織方式，以便進入新網路版的客戶至上世界。人們會運用即時的全球通訊來蒐集知識，集體經驗將在資訊的蒐集和決策過程中扮演更重要的角色。

5. 學習變成即時： 網路運作的新方式將創造出獨立學習的新一代——他們的成功必須奠立在自我激發和資訊共享上。

（三）行銷自己的社會

在職場中不是「光靠努力」，就可以順心如意的達到你所想要的金錢、地位、愛情、友誼等等珍貴的東西。如果只是一昧的盲目衝刺，卻找不到真正的目標，推銷不出自己，結果，只是造就了因為總是徒勞無功，而感到憤世嫉俗的人生！因此，我們不得不思考如何「行銷」自己到「對的目標」的過程。

「行銷」是一門很值得學習的專業科目。更何況，我們隨時隨地都在進行推銷，希望別人接受我們的想法，採納我們的提議，無論在國與國之間，家人同事之間，甚至親子之間都一樣。我們希望別人接受我們的觀點。「推銷自己」是你每天都在做的事。更奇妙的是，你也和生意人一樣，賣得愈好愈開心。

「行銷自己」，必須當自己是個「有策略」的行銷高手，首先，要懂得自己所要銷售的「產品特色」，找出目標族群，同時，也會運用「包裝」「廣告」、「公關」等手法，找到「正確的行銷通路」，以達到「成交」的目的。

第三節　新時代的就業型態

隨著科技的進步及全球化時的來臨，就業市場也開始呈現多元化的轉變。也產生了許多不同的就業型式。

一 成為派遣員工

長期以來，定期契約工作者給人的印象侷限在行政助理、新鮮人找的第一份工作、或是過渡期的工作。但現在定期契約工作者包括會計、律師、高科技人員或工程師等專業人才等等。目前，一群非正式編制工作的「派遣員工」，已經逐漸在企業組織占據相當比率了。他們的工作可能一聘之後就結束了，也可能同一時間進行幾個工作。

成為 SOHO 族

所謂 SOHO 即 Small Office/Home Office 之簡稱，也就是在家工作及小額創業，行業涵蓋創意、資訊、諮詢等專業型態以及開店、加盟等業務型態。組織型態包括專兼職自由工作者、工作室、三到五人之小公司與店面。而 SOHO 商機興起的原因主要如下：

1. 新經濟時代創業機會增加，門檻降低的主動型創業。

2. 高失業率時代的來臨，被迫型創業。

3. 企業分包觀念抬頭，SOHO 接案機會增加。

「專案委外執行」即為一種經濟又有效率的做法。廣義的說，只要企業將某項任務或服務的執行或管理責任，轉由第三方完成，即可稱之為專案外包。由於專案委外可滿足短期人力需求，增加企業組織彈性，讓企業達到精簡人事組織、降低人事成本的目標，並提升企業的核心競爭力，進而提升運作效率與客戶滿意度，因此目前「外包」在市場的潛力無窮。

 業務行銷及專業人員

目前，企業對人才的需求，以「業務」及「資訊方面的專業人才」為主要需求，反之求職人欲投入的職務仍以行政、生產製造類為主。企業與求職人之間期望的落差可能導致轉業的困難，因此，求職者必須掌握大環境的趨勢，以創造就業的契機。

特別值得注意的是，隨著經濟的不景氣及市場激烈的競爭，愈來愈多的工作，會帶有「業務」性質，甚至「專業人才」，例如：醫師、律師、設計師等，也需要有業務能力。不少軟硬體工程師的頭銜可能會變成「業務工程師」，他們除了具備專業技能之外，還有提案能力及能與客戶溝通。而產品行銷的手法也將愈來愈多元化，具備「業務行銷」能力的專業工作者，將成為企業最重視的人才。

（四）開創副業

　　二十一世紀的上班族，一定要從平日開始加強自己的實力，才能夠以不變應萬變。從事副業前首先要分析的，便是自己的性格，再來則是確認從事副業的目的為何，以確認自己是否適合從事副業的必要。

（一）確認自己的性格

1. 體力勞動還是腦力勞動：如果你的正職是事務性工作，那麼你的副業不妨可以嘗試一些輕微活動筋骨的工作。腦力勞動是適合喜歡與人交談、企畫工作的人；如果本業及副業都是腦力勞動的話，會給心理帶來太大的壓力。

2. 重視收入還是重視興趣：因經濟壓力而從事副業，其實是很危險的。副業的收入愈高，風險也就愈大，本業自然也容易受到影響。若以自己的興趣為基礎而開始的副業，即使收入不高，還是比較容易持久。收入也會慢慢地增加的。

3. 獨立型還是受雇型：獨立型的副業適合想要創業的人。雖然靠自己的力量也會有其風險，但相對地，成就感也會更高。而受雇型的副業，由於沒有風險，適合穩紮穩打的人。

（二）其他確認事項

1. 曾有過利用自己的興趣賺取收入的經驗？

2. 對於體力勞動（腦力勞動）有自信？

3. 如果有了新的收入，知道自己想要做什麼？

4. 已經取得自己想要從事之副業所需要的資格？

5. 知道自己從事副業真正的目的？

　　目標確認後，若副業的經營有步入一定的軌道或發展成本業的打算，那麼照「起步」、「進階」、「躍升」三階段之步驟，則會更容易成功。

1. 第一階段：「起步」

   (1) 要認清從事副業的目的及意願，如果沒有目標，很容易受挫便退縮。

   (2) 寫出所有想做的副業，分析自己最適合的是哪一項。

   (3) 分析自己的特質。不了解自己，副業也就不易成功。

2. 第二階段：「進階」

   (1) 做好自己的生涯規劃，弄清楚副業在自己人生中的位置。

   (2) 取得所需要的資格，並累積經驗，做好一切事前的準備。

   (3) 最好是有熟人介紹適合的副業，可以避免許多不必要的風險。

3. 第三階段：「躍升」

   (1) 勇氣：克服困難開創副業，勇氣是絕對必要的條件。

   (2) 決斷：將想法化成行動的決斷力也很重要。

   (3) 積極的行動：即使是副業，也要像對待本業般尋求擴大事業的機會。

五　外商公司你不可不知

在走向全球化的時代中，許多公司為了能夠擴展營業據點、全球化接力製造或轉投資等，常會在世界各地設立許多的海外據點。但吸引人的外商公司，也不盡然十全十美，其中比較常聽到的缺點有：

（一）現實主義

外商到本地投資看上的是本地的獲利機會，或可支援總公司的競爭優勢，所以在營運狀況佳的時候，對表現好的所謂「SUPER STAR」給予高官、厚祿、名車、華廈等。可是當公司發現員工無法為公司帶來利益時，輕者減薪降職，重者加以開除，如果整個分公司的表現均未達到理想也可能整個公司結束營業，打道回總公司。不管您曾為公司闖出多少天下，立下多少汗馬功勞；照樣打包整理，回家吃自己。

（二）短視近利

　　一般的歐美公司，總希望能在一、兩年內達到營運目標，對總公司或股東們有所交待。以致每月、每季及每年的獲利情形，變成外商公司經營者的重要指標，此舉除了造成部屬不少的壓力外，也使得長遠的市場深耕、人員接續、和基礎研發，顯得不是如此的急迫與重要。

（三）情誼淡薄

　　由於前兩種情境因素使然，員工與同事及上司之間的關係，也就顯得較為緊張，平日在一起雖然有說有笑，可是當遇到與工作分派、責任歸屬，及加薪多少等情事時，對、錯之間的取捨，就比平日的交情來得重要。

（四）專業導向

　　在大多數的外商公司，非常重視專業的分工，以及專業人員的培養，一位員工進入這樣的環境中，可能練就某一樣技能而終其一生。在現今強調科技整合和工作豐富化的潮流之中，萬一有個閃失，想要換到別的公司或行業時，會有空有一身技藝，卻無處伸展之嘆。

（五）不易高升

　　在此所謂的「高升」並不是無法提升職位，而是說沒法擔任具有關鍵決策能力的高階主管。

六　無店鋪經營

　　近年來網際網路的盛行，對各個產業帶來不小的衝擊，尤其是流通業。以往消費者在購買產品時，必須要到商店進行交易，然而，透過網際網路消費者也可以在家中完成交易。當然無店鋪經營不僅僅存在於網際網路上，其實很早之前就已經有無店鋪經營的存在，例如：郵購風潮、電視購物，都是無店鋪經營的方式，無店鋪經營簡單的來說就是透過四個環節來進行：

　　1. 產品呈現：如透過各項平面廣告型錄販售、電視或廣播媒體廣播。

　　2. 訂購：網路下單、郵政訂單、電話下單。

　　3. 付費：付費方式多元，如郵政劃撥、匯票、線上刷卡、代收貨款等。

　　4. 配送：目前最流行的就是宅配送達、虛擬產品流通即透過網際網路。

　　相較於傳統常見的就業型態，這些新的就業模式或多或少對我們的生活和價值觀產生了不少衝擊，不知你準備好了嗎？

本章摘要

1. 當前資訊社會中，資訊科技固然居於關鍵性的連結地位，但是知識的應用卻是最終的關懷。

2. 資訊科技引領社會脈動的潮流，具體的表現在兩個層面：資訊社會（Information Society）的來臨和全球化的趨勢。

3. 知識的範圍分為「資料」、「資訊」、「知識」、「智慧」四項。

4. 知識管理是組織內的經驗或知識可以有效的記錄、分類、儲存、擴散及更新的過程。

5. 未來理想的組織，就像三葉瓣的醡漿草，葉雖三瓣，仍屬一葉。三瓣分別代表核心工作團隊、約聘人員、及彈性勞工。

6. 所謂人力派遣，指的是派遣公司與用人企業訂定派遣契約，約定由派遣公司雇用員工後派遣至用人企業，該員工在派遣公司指揮監督下工作。

7. 人力派遣對於企業之優勢為降低人力成本、降低人員聘雇之風險、彈性僱用專案指派，對個人而言則為晉升正式員工的跳板。

8. 社會變遷快速，近來的失業者中被民營化、透明化、微小化、民主化、標準化、全球化等「新工作浪潮」所打敗的。

9. 網路革命後，傳統商務已不敷使用，被新一代的網路企業取代已是無法避免。故網路經濟（Cybereconomy）、線上勞動力、產品變成了商品、消費者變成資料、學習變成即時為企業日後因應的五大網路趨勢。

10. 「行銷自己」，必須當自己是個「有策略」的行銷高手，懂得自己所要銷售的「產品特色」，並找出目標族群，以及找到「正確的行銷通路」，以達到「成交」的目的。

11. 所謂 SOHO 即 Small Office/Home Office 之簡稱，也就是在家工作及小額創業，行業涵蓋創意、資訊、諮詢等專業型態以及開店、加盟等業務型態。

12. 企業與求職人之間期望的落差可能導致轉業的困難，故求職者必須掌握大環境的趨勢，以創造就業的契機。

本章問題與討論

1. 請就人類生活型態演變及科學文明的進步，陳述人類社會型態的變遷。

2. 試問自己希望追求的工作型態為何？

3. 對於變動迅速的大環境，你掌握了多少線索？你又如何備戰呢？

4. 請簡述知識經濟與傳統經濟的差別。

5. 請簡述 SOHO 族的由來及工作型態。

6. 請簡述臺灣發展數位內容產業的的優勢？

7. 請簡述資料、資訊、知識、智慧的不同。

8. 請陳述你所屬的專業領域未來的展望為何？而在這領域中是否有你應該知道的新興範疇？

09

探索職場

你是否常在職場中聽到下列這些對話呢？

「您不懂啦！我們公司就是這樣」

「慢慢的您就了解我們公司」「您剛來對不對？」

「我們公司的文化，就是……」

第一節　認識職場文化

 你不能不懂的公司文化

　　企業文化有顯性與隱性兩種，有些公司很容易可看出是顯性的企業文化，像在公司隨處可見的標語，如影隨形地跟著你，讓你很難忘了它的存在，而有些企業則未明白的表示其公司的「企業文化」，但公司內部的人，待久了自然了解應該如何做事情，即是隱性企業文化。

　　不過企業文化的成分因公司而異，包括其態度是否積極進取、決策風格如何、公司本身是否追求更高、更遠的目標、是否能包容五花八門的觀點，會不會要求員工要有一致的價值觀和生活方式等等。也要視公司是否求新求變，或身處危機、或步調奇快、或狀況穩定而異。

　　雖然企業文化的變數有很多，但最基本的一項，就是與人相處的能力。當然不是每個人都能適應各種企業文化。合適與否不代表成或敗，但要是雙方本就合不來，硬要強求也沒用。有些企業假稱自己的文化與眾不同，但下場往往是員工們因拆穿真相而離職。同樣地，想刻意討好公司，而偽裝本性的員工，最後就算不會變得無精打采，不然就是故態萌發，工作表現也肯定不及格，對公司毫無貢獻。個人能否適合公司的文化，受個人成長背景和經驗的影響。你服務過的機構的文化，必定多少影響到你的作風。

二　同事摸魚，我該打小報告嗎？

　　很多人每天上班忙忙碌碌，赴湯蹈火、精疲力盡，一切都是為了公司。一旦遇到共事的夥伴每天遲到早退，強烈對比之下，便讓人想當個正義使者，一舉告上主管。然而，在主動向主管報告之前的自我檢視是很重要的。

（一）看看別人，想想自己

　　隨著整個社會分工與專業化程度愈來愈高，每個人在企業組織中經常只扮演一個小螺絲釘的角色，你負責的可能只是公司的一小塊業務，所看到與了解的也就不會是整個公司運作的全貌。因此，當你發現有些同事的工作態度或上班紀律令人無法接受時，首先應該仔細看看你們的工作屬性是否有所差異，其次則是仔細檢視自己的表現。

　　有時候人們並不了解別人的工作狀況與內容，甚至是別人被評估的指標。尤其當責任制的工作型態日漸盛行的同時，如果在不了解的情況下就做出判斷，甚至主動向主管報告，反而會引起主管更加仔細檢視你的工作目標與表現。如果你平日表現不是特別突出，如此只是加深你在主管心目中的負面印象，認為你應該先管好自己再糾正別人。

（二）小心謹慎，保護自己

　　如果你對組織中每個人不同的工作屬性與評估方式已經做了更深入的了解，同時也檢視過自己的表現符合工作目標，同事的工作態度實際上也真的影響團隊績效或團隊成員的工作情緒，那麼適時向主管反應並無不可。只是要特別注意的是，一開始就指名道姓地報告同事的表現並不恰當。

　　因此為了在表達建議的同時也能保護自己，建議先從自己最近的工作狀況開始談起，也可以與主管談談辦公室的工作準則、公司文化或個人的工作態度等，以檢視你和主管以及公司的認知是否相同。這樣的溝通可以幫助你更進一步釐清你的情緒究竟是來自於個人偏見，還是他人的工作態度真的有問題。

　　另一方面，當你做完自我檢視，同事打混摸魚的事蹟已經「罪證確鑿」，也可以先試著以幽默或開玩笑的方式，在非正式但主管在場的場合中，適時點出同事的行為。一般而言，敏感的主管會注意到下屬的情緒表達，甚至進一步多方面主動了解該位同事的工作態度與表現。

　　如果無法找出如此天時地利人和的場合，需要以較正式的方式來傳達意見，建議不妨真誠說出這件事對你的困擾，以及希望團隊能順利運作的前提，同時舉一些例子或其他人的意見，請主管幫忙解決問題。在這種情形下，相信主管會很感激你告訴他這件事，也有義務改善辦公環境使每個人都能快樂工作。

（三）摒除本位，廣結善緣

　　在職場中，員工因為不了解彼此工作屬性而影響工作績效，也不是一件好事。故更重要的是透過組織內部暢通的管道進行相關的溝通及制度的建立，使任何策略的成形、改變以及交付執行有所依據，讓每一個人清楚知道自己的責任與角色，也知道自己對公司的貢獻。

　　同事即是為了共事而存在，而不是為了互挖牆角，所以在職場得摒除自我本位廣結善緣，試著去喜歡你的同事。要知道在工作場合中，是講求團隊分工，想要獨占山頭孤軍奮戰，是不太可能的事。因此有時不要太過本位主義，懂得溝通互相體諒，才能在職場中如魚得水。

三　技巧回絕工作壓力

　　現代化的工作職場中，工作量的增加是無可避免的。當你真的無法再增加工作，或真的已經工作超載時，或許可以嘗試著下列幾種方式，來試著回絕額外的工作負擔。

（一）以退為進

　　當工作量已達你的臨界點時你可以這樣說：「我會把生產流程再作壓縮，但我不認為這個月我們還能增加任何產量。」由於你已接受了額外的工作量，你的老闆將不太可能對此陳述有所批評，或許你可以因此回絕掉不必要的工作。

（二）以書面資料來輔證

　　有時你若單單地口述你的情形，老闆也可能只是當成左耳進右耳出的工作報告，而不予理會。甚至變成為一位不是很高明的聆聽者，有聽沒有到。較有說服力的做法，可能要以書面來說明工作負荷增加的程度，以明確的比較資料來呈現你的工作負荷量，來讓上司知道你的負荷量過大。

（三）提交客觀的數據

　　有時回絕工作可利用其他單位所提供之有力數據，來作為負荷過重的佐證，由於是其他單位所提供的資料較為客觀，因此就不會讓上司有過多的聯想或推論，更具說服力。

（四）提供上司變通方法

當上司要交付新的工作時，你也許可以提供老闆其他變通辦法。如合併任務、重新安排工作、延後結案時程等，讓自己可以免於負荷過多任務的壓力。

（四）職場行事風格

在職場中，我們除了得適應職場文化外，另外深深影響我們是否適合擔任特定職務的是：個人的性格、態度呈現在工作上的行事風格。每一種不同的行事風格，在職場上都會有著不一樣的作為。

1. 駕馭型風格（Dominance）：駕馭型風格的人強調克服反對，勇於改變環境，以期得到立即的成果。他們總是很快的做決定與採取行動，以求解決問題、疑難。

2. 表達型風格（Influencing）：表達型風格的人則喜愛與人接觸，強調結合團隊，一起獲致成果。他們善於以熱情和清晰的言詞，創造激勵他人的環境。

3. 可親型風格（Steadiness）：可親型風格強調忠誠的與人配合，以達成任務。他們很有耐心，擅於傾聽，可以持續且專注的完成工作。

4. 分析型風格（Compliance）：分析型風格強調根據事實和既有經驗，精確且謹慎的完成任務。他們對事情的細節很專注而有較周全的準備，而且自律性很高。

行事風格沒有所謂的優劣之分，只要能與放在適當的職務與同事相契合，都可有其一番成就。行事風格也不是絕對的，一個人在不同的情境下，也會有不同的行事風格。

你覺得自己的行事風格是屬於哪一類型呢？我們可透過專業工具或專業諮詢，進一步了解自己行為模式來判斷將自己放在何種職務上，發揮截長補短之效果，以在職務上有最佳的呈現。而我們透過觀察，增進對別人的了解，欣賞他人的優點，包容其弱點，則有助於建立良好的人際和諧。

第二節　職場的人際關係

社會分析家曾說，我們已從過去的工業經濟演進成為服務經濟。也就是說，今天的工作比過去要更強調人際關係。不管身在哪一個職位上，與人和諧共處的能力已成為決定事業成功與否的關鍵要素。

（一）人際和諧勢在必得

無論在生活中的哪一方面，其他人對你的成功、快樂，都有決定性的影響力。人際關係好的人，生活中便充滿了較多愉快的經驗。

（一）如何調整風格

如果風格調整真能促進互動、提高生產力，那麼現在問題是：要如何調整風格？於此提出風格調整四步驟：

步驟一　辨識

在這個步驟中，你必須找出自己的風格以及辨認對方的風格。

步驟二　計畫

人本來就會預想許多與接觸時將會發生的事，也會去思索所希望的進行方式，每個人在與別人溝通前，都會做些計畫。在風格調整的計畫步驟中，只是將自己對風格的了解，加入準備事項中。

步驟三　實行

在與對方相處時，你將採取某些行為改變，並相信這些改變將對情況有所助益。在調整風格時，時時注意你所做的改變是否對兩人間的互動產生正面效應。

步驟四　評估

評估時，首要做的是檢視互動結果，是否有正向的改善，有的話是哪一部分效果最佳，否的話則檢視是因為錯估或是計畫不良等等因素，以做為回饋修正的參考。

（二）如何建立良好關係

透過風格調整，我們可以澈底改善工作關係、家庭親子關係。但有時令人不解的是，即使調整了個人風格，但人際關係卻無法很明顯的改變。而若仔細觀察那些建立穩固工作關係的模範主管，發現他們高度展現出以下三種特性：

1. 尊重：尊重是建立積極關係、維繫人際關係的必要條件。表達尊重的方式是，溝通時不貶抑他人，並用良好態度使他人覺得自在。尊重其實就是善意的外衣。我們所謂的尊重，與能力好壞沒有關聯，也並非只有值得尊敬的人才能獲得他人尊重，每個人都理應當受到尊重，公平看待。

2. 公平：我們常說要公平的對待身邊的人、事、物，但什麼叫公平呢？公平就是舉止公正，對人無偏私。但不幸的是，不同角色的人，或處於不同的環境，對公平的定義是不同的。雖然無法決定什麼才叫做絕對的公平，你不妨可問問自己兩個問題，來看看自己的處事是否合理公平：

   (1) 問題一：你使用的是否為雙贏的策略？
       採用雙贏方式的人追求的結果，通常是互相有利的。雙贏的方式首先需要換個角度思考。這時強調的重點，不是你贏或我贏，而是你和我一起贏。

   (2) 問題二：你願意成為你自己行為的接受者嗎？
       這常常不容易做到，因為這意謂著超脫個人私心，或超愈你所在團體的私利。公平最後還需要公正無私的道德風骨，這樣你才能夠犧牲自己的利益，以公平為重。

3. 誠實：真正的誠實並非與生俱來，而是通過嚴厲道德考驗所得的成就，誠實是領導者一項重要的特質。誠實的人會做三件事，且永不改變。

   (1) 第一件事是他們絕不說出誤導人的評語。

   (2) 第二件事是不隱瞞重要資訊。

   (3) 第三件事是表裡如一。

良好溝通，工作關鍵

建立良好工作關係的關鍵，就是溝通。有三個重點可以掌握：

1. 具體、有組織地說出來。儘量以討論問題，而不要用指責的方式提出想法。

2. 對主管說話要簡明扼要，丟問題前先擬好解決腹案，主管會較願意溝通。

3. 讓對方覺得與你溝通有收穫，下次傾聽的耐性會提高。溝通考驗說者，更考驗領導者。

比馬龍效應曾在美國哈佛引起廣泛討論，他們認為最成功的領導者，能對別人有很高的期許，並且幫助別人活出高的期望。「當你要求別人做事時，要去引發他心中做這件事的渴望。」溝通暢行無阻，建立良好工作關係才有可能。溝通需要經營，每個人都有責任。

1. 創造溝通環境：如果主管的辦公位置就在員工出入大門旁，就很方便隨時和員工聊上幾句，溝通就發生了。創造面對面的溝通環境，是為了「在網路溝通外，找到平衡點」，而身處資訊科技發達的時代，各式線上訊息傳遞展現了其快速溝通的特點，但不能因此減少了與其他同事互動的機會。

2. 建立多元溝通管道：公司有很多社團活動，讓你有機會接觸不同部門的同事，社團豐富了人際相處的話題，也增加溝通的契機。

3. 在工作中談心：職場除了講理，也要談心。一開始可能有點難，不妨從問問題開始：

   (1) 你過去這一年來最有成就感的事？

   (2) 你覺得最近工作最愉快 / 挫折的事？

   (3) 你未來的計畫？

   　　同事之間若能從單純工作項目的溝通，提升到情緒，甚至價值觀的溝通，自然產生親密的職場關係。

4. 打考績談心好時機：打考績也是最好的談心時機，可藉此機會與部屬進行價值觀的溝通，發掘部屬工作背後的問題及想法，並站在朋友的立場給予相關的建議。而身為職員的，也應多利用這種時機，將需求及想法回饋給上司，如此一來才能有良好的互動。

5. 說服不如影響：除了用心待人，更要以實際行動影響別人。與人共事一向被視為是主管階級的重責大任，以前能用「威權」解決的問題，現在都得靠「影響力」才能達成。有時不妨到其他部門走走建立非正式關係，會有助日後工作的進行。

6. 說得巧化解衝突：說話技巧是一招，「要求別人前，先肯定對方」，如此一來衝突自然消弭無形。

7. E 時代的網路溝通：一般來說直接走入對方辦公室溝通，前置時間長，需要多一些冷靜思考；但網路溝通則可以省掉這樣前置的動作，也不用擔心看到對方不悅的臉色。你只要在按下發送鍵前好好的想一下就好。

　　然而網路溝通則沒有太多時間讓你修正或後悔。網路沒有表情，難以表達情緒。但因為一按了「傳送」，信息永遠追不回來，可能一輩子的友誼也毀了。像 e-mail 這類的的網路溝通的副作用是，導致人與人之間缺乏面對面的溝通練習，變得很缺乏。

　　故在未來科技社會裡，網路溝通直接衝擊工作中彼此的關係是可以預見。而欲提升網路溝通的成效，唯有先建立積極的人與人溝通模式，網路溝通才能有所作用。網路讓好的或壞的溝通都更容易，故要謹慎使用。

（三）傾聽是我們較弱的技巧

　　最偉大的溝通技巧，在於重視別人的意見。溝通技巧「傾聽」，是有效溝通最重要的關鍵，卻也最容易被忽略。讓別人了解你很重視他們不難，仔細傾聽即可。但是，在既忙碌、壓力又大的工作中，如何能耐著性子傾聽？

　　傾聽是提升溝通技巧的最佳方式之一。你希望知道你的訊息是否依照自己的期望傳遞給接收者。就必須透過不同的方式來取得對方的回饋，以確認訊息是否正確傳達或是否有修正之必要。在日常生活中對於很多簡短且非正式的溝通而言，書面的正式回饋可能是浪費時間，你不妨考量傾聽、全神貫注及發問這三個獲取非正式回饋方式。

1. 傾聽：聆聽人們對你和其他人溝通所作的評論，找出回饋。你想要知道的是：

　(1) 你的聽眾是否接收到訊息？

　(2) 人們如何詮釋你傳遞的訊息？

　(3) 聽眾為何了解或不了解你傳遞的訊息？

　　　傾聽是我們較薄弱的技巧之一。如當期限和其他壓力十分迫近時，我們很難專注於傾聽。當別人說話的時候，我們無疑地很容易讓自己分神，因為我們的思緒轉變異常快速。所以當我們處理資訊的速度快過任何人講話的速度，有很多機會讓自己的思緒神遊。

2. 全神貫注：我們必須訓練自己，在自己開始分神時把持自己，重新專注於眼前這一刻。你曾有過多少次讀完一份報告或備忘錄，然後發現自己記不得剛閱畢的內容？有多少次你發現自己不專心，而必須回過頭去重讀前面幾段或幾頁？你是否時常發現交談的對象並沒有真的在聽你說話？你企圖藉由更用心聆聽剩下的訊息或是要求重述，以記住訊息的精髓。 許多人在閱讀、通話或開會時會仔細地做筆記；做筆記的目的不只記錄發送的訊息，也幫助你專注於現況。你運用什麼技巧幫助自己專注於周遭出現的訊息？

3. 發問：發問是獲取資訊最積極的方式。你通常需要進行刺探；類似「你覺得這份報告如何？」的問題，可能只會導致模糊的回應：「不錯！」、「包羅萬象」、「具說服力」這些令人愉快的恭維，但你應該明確地知道它為什麼不錯？為什麼包羅萬象？為什麼具說服力？你應該知道自己做對了什麼。你應該知道自己未來需要努力的地方。為了改善你的技巧，不要對負面回饋過於敏感是極為重要的，只要它具體明確，你便能針對自己不夠完美的層面努力。

而要成為讓人活躍的聆聽者，起碼要實行以下三個要點：

1. 利用眼神表示聆聽的誠意：交談正熱絡時，如果聽者不斷看著錶、眼睛胡亂瞄，說話者很容易便會失去說話的興致。而凝視說話者，專注傾聽，不但可以讓對方安心，聽者也因而得到許多資訊，同時對方也滿足了說話的慾望。

2. 利用附和提供聆聽的訊息：「接下來要怎麼辦？」、「原來如此，太棒了！」、「是的，那是什麼時候的事？」適當的接話，通常都可以讓對方愉快地繼續說下去。但如果一時無法顯現確實的訊息，只附和地說著「哦」、「是的」、「是嗎」，也比沉默不語更能夠讓話題繼續下去。

3. 利用肢體加強聆聽的效果：如果我們的肢體語言表現出「傾聽」、「請說到最後」的積極態度，便會讓對方給我們倍數以上的資訊。點頭等同於言語中的「訊息」。

（四）微笑面對，培養親和力

　　微笑是一種習慣，以微笑面對人生更是一種好習慣。只要常微笑，幽默感自然可以培養出來了，幽默感即是人與人之間溝通的潤滑劑，它能化解衝突和矛盾，尤其當一個人的知識、靈感與才華在瞬間展現，更是讓人印象深刻。以這樣的看法，想想別人對我們的觀感，你能說親和力不重要嗎？既然知道親和力的重要，就該學著讓自己成為更有親和力的人。但是，該怎麼做呢？以下幾點是培養親和力的方法：

1. 將心中的善意表達出來：這點是非常重要的。親和力絕對不是虛偽的裝模作樣，而是發自內心的善意。想想大家同樣是為前途打拚，即使再忙再累，也不要顯出不耐煩的神色。因為有了體貼的心，才有可能做出體貼的事。這種發自內心的善意，是培養親和力的第一步。

2. 增加良性的互動：接著，儘量把握和同事相處的機會。比如說，中午一起去吃午餐，或是一同參加聚會。因為接觸是溝通的開始，有了溝通，才能更清楚對方的想法，也才能真正的關心對方。

3. 微笑是最好的語言：時常將微笑掛在嘴邊的人，相信很少有人不喜歡，除非那微笑太做作。發自內心的微笑，真的是最佳的親善大使了，任何人即使再無理，也無法冷酷的回應溫暖的微笑。

掌握以上幾點原則，時時提醒自己，相信你一定可以成為很有親和力的人，工作當然無往不利。

（五）將心比心、卸下心防

選擇適合的工作環境當然很重要，但是提高自己的職場 EQ 更是尋求工作發展的利器。多樣化的人際環境是個機會，愉快的工作首先就要取決於人際關係的好壞。所以不要把建立良好的人際關係視為可笑或是心機、手段之類的技倆而不屑一顧，同時亦不要用「合則來，不合則去」的態度去放任它。

其實能接觸各式各樣的人，也正是公司組織中一個有趣的地方。這是「工作」所衍生出很重要的附加價值，不僅可以拓寬自己的生活與視野，對於自我成長也是很有效率的管道和方法。

第三節　樂在工作

在脫離學生生活後，除了睡眠和娛樂之外，大部分的時間都在工作。如果不能在工作中找到樂趣，生活就顯得艱澀乏味。調查發現，有 80% 的人口，不喜歡自己的工作。不喜歡自己的工作，就很難有成功的事業。於是，不喜歡工作和得不到成功，演變成惡性循環，造成生涯上的困局。大致而言，世上的事情，是無法照著自己所想的一般順利進行的，只要是能夠得到大多數人的支持，自己做某種程度的犧牲那是有必要的。

（一）認真工作的喜悅

喜歡自己的工作是發展出來的，不是天生的。也許你目前勉強為生計而工作，但經過規劃和努力，就可以發展成自己喜歡的工作。

工作必須認真，每經過一個職位，就該紮實學會其中真本事才行。你所經歷的工作，無論喜歡與否，都要切實學會它，在肯幹、實幹中學到真本領。這些本事將來都會用得到，本事愈多，愈能勝任未來的工作。

如果你對目前的工作不盡滿意，那就培養一個新的專長，以便調節心情，讓你支撐下去。第二專長愈來愈有心得，就能增進自信和自尊，維持積極的工作態度。或許有一天，第二專長結合或取代第一專長，發展出全新的工作和事業，那時你便會春風得意。

你想發揮工作潛能，並透過工作找到快樂嗎？歸納以上得到幾個重點：

1. 你需要工作的方向和目標，朝著它努力不懈。

2. 要認真的工作，從中學會真本事。

3. 必要時應心甘情願加班，並將它化作成長的資糧。

4. 注意培養第二專長，有了它，你會增加信心和發展新工作的機會。

人若快樂地工作，就能過充實愉快的日子。反之，消極、抱怨和散漫的工作態度，會令人洩氣和失望。把握上述要領，就能獲得充實而悅樂的生涯。

二 微笑面對工作

遊戲，原本是為了工作增添活力，正像人們常說的，休息是為了要走更長遠的路一樣。那些工作不力又缺乏創意的人，即使出遊也不帶勁。人生對於他們來說，只有無奈兩字，不僅工作，連遊玩也是一樣。我覺得一個人既玩到了，工作也做了，才是雙贏，真正的夠本。

「在工作中遊戲、在遊戲中工作」。這話的意思是當你選擇了合乎自己志趣的工作，愈做興致愈高，就如同在遊戲一樣好玩。同時，在工作中遊戲最妙的地方，是你在玩的同時，不僅發揮了自己的潛能，並實現了自我。

以下提供幾個讓你再次微笑面對工作的方法：

1. 放輕鬆，注意力愈集中：要怎樣才能集中注意力，全心在工作上衝刺？其實愈會放鬆，注意力愈能集中；愈懂得不「用腦過多」、「腦筋疲勞」的人，愈能有效率地把事情做好。只要學會工作時間分配法，就能隨時保持大腦的活性度，讓你在不同的工作時間，都能發揮最大戰力。

2. 留給自己補充能量的時間：許多認真的上班族與企業經營者，為了拼業績「沒日沒夜」地工作，但這是錯誤作法。即使再忙碌，你也必須每天留給自己一小時，做最喜歡做的事。唯有享受這一個小時，工作時才能集中精神、發揮能量。

3. 移除辦公桌上雜物：要提高注意力，最簡單的方法之一就是，把可能妨礙作業的因素全部排除。所以，辦公桌上不要放置與工作無關的報紙或雜誌。其次，用過的文具與資料立刻歸檔放回原位，以免礙手礙腳。

4. 有效率的加班：加班時最差的做法就是傻傻地埋頭苦幹，結果餓壞了肚子、身心俱疲。經過一整天工作，疲勞已達最高點，此時應避免處理重大或需要耗腦力的工作。然後，加班絕不可超過九十分鐘，否則就會影響隔天的工作品質。為了長遠起見，這個原則一定要堅持。

5. 把握「黃金工作時間」：根據大腦生理學實驗，我們的大腦早上清醒後的三個小時，最清醒、工作效率最好。因此，不妨把比較需要動腦思考、想點子的工作，挪到早上完成。大部分成功的企業家，都採取這種作法。

6. 騰出時間，轉換心情：忙碌的你必須留點時間給自己，譬如改變妳的居家環境、例行公事、飲食、休閒興趣，甚至妳的外表。或是閒下來散散步、讀讀書、找出自己的嗜好、寵愛自己的身體，或乾脆什麼也不做。在兩個會議之中抽一點點空深呼吸、放鬆、消除身心兩方面的壓力，都能讓你紓解身心，獲得休息。

　　你想要找回自我嗎？那麼先認清自己，再去找一份合乎自己志趣的事。這樣你才能認同並專注於工作，進而發揮隱而未現的創造力，在工作中做出最佳的表現，成為一個快樂的工作人。

本章摘要

1. 企業文化有顯性與隱性兩種，像在公司隨處可見的標語，如影隨形地跟著你，讓你很難忘了它的存在，即為顯性文化。而有些企業則未明白的表示其公司的「企業文化」，但待久了自然了解應該如何做事情，即是隱性企業文化。

2. 行事風格沒有所謂優劣之分，行事風格可分為駕馭型（Dominance）、表達型（Influencing）、可親型（Steadiness）、分析型（Compliance）等四種不同風格。

3. 我們可透過風格調整四步驟：辨識、計畫、實行、評估，以促進職場間的互動，進而提高生產力。

4. 職場中的模範主管，他們具備尊重、公平、誠實等三種特性，以建立穩固的工作關係。

5. 在日常生活中對於很多簡短且非正式的溝通而言，書面的正式回饋可能是浪費時間，你不妨考量傾聽、全神貫注及發問這三個獲取非正式回饋方式。

6. 要成為讓人活躍的聽者，要學會利用眼神表示聆聽的誠意、利用附和提供聆聽的訊息、利用肢體加強聆聽的效果。

7. 我們可透過表達心中善意表、增加良性的互動、微笑來培養我們的親和力。

8. 早上清醒後的三個小時，是最清醒、工作效率最好的「黃金工作時間」。

本章問題與討論

1. 如果你是部門主管，對於工作態度表現未達理想的部屬，你會如何處理？

2. 試舉出幾項常見的職場文化，並試著陳述對這些文化的個人看法。

3. 請舉出自己的主要風格與副風格，並就自己的個人風格，列出幾點增進職場人際關係的策略。

4. 在工作滿載的情形中，請列舉幾個技巧回絕工作壓力的方法。

10

如何找一份好工作

心理學家雪恩（Schein）認為：一個人的生命歷程，主要是由下列三個面向所組成，每一個面向的發展都有其順境與逆境，才能構成我們多樣的人生：

1. 事業
2. 情感、婚姻與家庭
3. 個人身心發展

佛洛伊德（Freud）也認為「愛與工作」是人生最重要的兩件事，美滿的家庭生活會給生命帶來很大的激勵；而擁有一份勝任愉快的工作，可以在其中實現自己的抱負或理想，則幸福的人生便可掌握大半了。

第一節　個人、家庭與工作

我們多數人都必須將人生的大部分時間拿來工作，如果你真心喜歡你的工作，覺得自己正走在該走的路上，那麼你會覺得生活充實、自在，真實自我可以展現的機率就會大大的提高。

克里斯多夫・毛利曾說：「成功只有一種──那就是能夠以自己的方式，過自己的生活」。對多數人而言，自我探索需要很大的勇氣、毅力。深入的省思後，你可能會發現自己有些想法、行事習慣是自己所厭惡，需要很大的決心，才有機會以客觀的態度坦然的面對真實的自我。而對多數人而言，這是緩慢且困難的過程，也是許多人終其一生都在學習的重大課題。

 ## 認識個人層面的時代

學習是自我與外在世界不斷互動與對話的結果，過去的學校教育把重心放在知識那一端，相對地忽略了學習者的主體性。而本項能力指標簡潔地說：「就是彰顯主體性」。因此教育應該扮演更積極的角色。易言之，在課程與教學的設計上對於「自我的了解」，應有更多的著墨。

所謂「了解自我與發展潛能」簡單地說是指：充分了解自己的身體、能力、情緒、需求與個性等等以及影響這些特質的背後因素。養成愛護自我、自省、自律的習慣，樂觀進取的態度及良好的品德，並表現個人特質，積極開發自己的潛能。

檢視個人的價值觀

在未來的職業生涯中，你所工作的環境中，也有一套團體的價值信念，就是所謂的企業文化，以有形或無形的方式，要求員工的行為符合其信念。如果它與你內在的價值體系相抵觸，或甚至不利於你價值體系的存在，你很可能會感受到強烈的衝突，而長期處於相當難過的焦慮狀態。

我們先試著檢視一下，影響個人生命行進方向的核心與價值觀，就是你心中認為對、錯、好、壞，以及自認為最重要的事物，例如：安全、自由、快樂、誠實、獨立、成就、家庭、健康、成長、權力……。

每個人內心深處對這些價值觀都存有自己的一套優先順序，它決定你對人、事、物的反應、感覺與評斷。下面的方法，有助於我們練習探索自己真正的價值信念。請在一張紙上完整的寫下……

在我的生命中，對我最重要的感覺是……

在我的生命中，對我最重要的事是……

在我的生命中，我感到最充實的是當我……的時候

在我的生命中，我感到最滿足的是當我……的時候

在我的生命中，我最想要的是……

列出價值觀後，再對每個信念以你內心真正覺得的重要程度，依序排列。這些問題看似簡單，卻不容易作答，不要期待自己在五分鐘內完成。最重要的是要對自己誠實。

同樣的，在我們的生命中也存在一些我們極力想避免的事情與負面情緒，例如：約束、憤怒、欺騙、依賴、挫敗、退縮、寂寞、失控、無知、攻擊……等。同樣的，我們也在另一張紙上完整的寫下：

在我的生命中，讓我最痛恨的感覺是……

在我的生命中，讓我最痛恨的事是……

在我的生命中，我陷入最低潮是在我……的時候

在我的生命中，我覺得最不滿足的是當我必須……的時候

在我的生命中，我最不想要的是……

哪一項是你最無法忍受的？就像之前列出的正面價值信念一樣，請你依它們對你的重要性來排序。

以上的正面及負面問題，也可以將「生命中」縮小範圍到「工作上」，以檢視你對工作生涯的價值體系。對自己的正負價值信念愈有正確的認知，愈能幫助你找到一個與自己相契合的公司與工作，也才能擁有自在、充實的生活。

三　個人與家庭

家庭是非常重要的，家人彼此互助、分擔責任。從個人來看，個人依賴家庭來提供身體的保護、感情的支持、物質的供給、家務的分擔。從社會的角度來看，家庭綿延倫理道德、傳遞價值規範、教導語言文字，穩定整個社會的基礎。

（一）二十一世紀的家庭觀

對於現代的人或多或少都有著「事業還沒有成就，沒有人想到婚姻。」這樣的想法，或許在我們的計畫中根本沒把婚姻放進去。奈思比在《大趨勢》一書中曾揭示社會趨勢朝向個人化發展方向的潮流「社會的基本構成單位是個體，不是家庭」。不管是表面上能有一個核心家庭的形式或是單身家庭，現在已經步入一個人生活的時代，其主要現象如下：

1. 結婚年齡提高，生育率下降：晚婚、不婚人口愈來愈多，結婚年齡一直延後，即使結了婚，也選擇不生育。環境的好壞，會影響到熟男、熟女對未來的信心度。他對未來沒有信心，對自己能不能教育小孩也沒有信心。

2. 家庭功能減少：家變冷了。即使成了家，很多白領工作者一生為工作打拚，把家當成每晚回家的休息站。現代人很少回家吃晚飯，「連吃飯都各吃各的，那有時間溝通、談心？」家，曾經是全家人共同的城堡，而在現今的社會中，每個家庭成員卻都擁有各自的自己城堡，家也變得更脆弱。然而，「家戶規模縮小，已經是必然的趨勢。」最主要的原因，就是家庭提供的功能愈來愈沒有效益，可提供家庭代理服務愈來愈多。

（二）工作與家庭

對大部分的人而言，家庭可說是個人最早生活的場所，而家庭對個人的影響力，是十分深遠、不容忽視的。個人最早的人格塑造也往往發生在家庭中，也就是說，一個人的某些行為、態度、性格，常常會和家庭的氣氛、或家人對他的影響有著密切的關聯。因此，探討家庭、同儕、及社會經濟文化因素對個人生涯規劃的影響，可幫助個體整合自己與環境間的關係。

1. 家庭因素：父母家人的期待可能影響生涯目標的方向，因此了解父母家人對自己未來生涯與職業選擇的期望，可即早與父母家人進行溝通將彼此間的期待拉進，並化阻力為助力。

2. 社經文化因素：國家政策、經濟景氣程度、社會價值觀的改變均會影響個體生涯與職業選擇，例如：景氣佳時就業機會多，個體的選擇性也相對的提高。

3. 同儕因素：同輩、朋友之間的決定亦會影響個人的生涯決定，往往因為擔心自己的決定與他人不同，致使自己忽略本身的理想，而做了從眾的決定，因此了解自己受同儕影響的程度能幫助自己做更適性的抉擇。

如果我們畫出四個象限圖，橫坐標軸代表家庭取向，縱坐標軸代表工作取向，兩條坐標各有高、低兩個極端，可歸納出一般人安排工作與家庭的四大價值取向：均衡發展、家庭導向、工作導向、生涯困境（圖 10-1-1），如何選出最適合的型態，做為職涯發展的依據，完全就看個人的智慧。

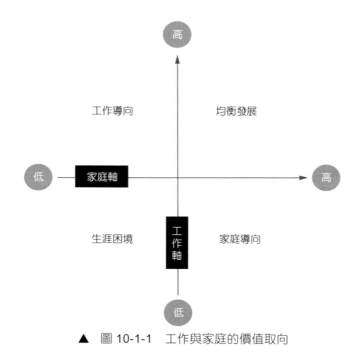

▲ 圖 10-1-1 工作與家庭的價值取向

其實，工作與家庭並不是不能取得平衡點的兩點對立極端，關鍵在於自己要的是什麼？能不能愛己所選，選己所愛？您在追求卓愈成就的同時，是否也擁有家庭人際的滿意？您在邁向自我成長的過程，是否也讓社會更進步繁榮？如何用心經營工作也經營家庭獲致幸福快樂，創造均衡美滿人生，應該是我們甜蜜的負擔。因此，當你在用生命追求理想的同時，若是能將你未來的生活，也一併加入規劃中，或者，在設定您的生涯規劃時，把「家庭」這項因素考慮進去，相信你的未來，將變的更完美、更無瑕，您說是不是呢？

第二節　求職的前哨戰

　　即將要踏入社會工作的新鮮人，要如何來選擇一份職業呢？或是你想要轉換工作，要如何抉擇呢？

一　求職的思考方向

　　一個人在選擇工作時可以完全依靠自己的感覺來做決定，也可以用理性的分析來選擇。但理性的分析比靠感覺來做決定來得更有明確的依據可循。故求職的思考次序為：方向→行業→公司，例如：服務業→資訊業→某某電腦公司。

（一）方向的選擇

　　以「方向」的部分而言，當然不外是考慮服務業或是製造業。如果你想從事製造業，專業的技巧、知識及持續的投入，相信是成功的不二法門。至於服務業呢？由於其服務的對象是所謂的人，所以需要考慮的問題就更多了。

（二）行業的選擇

　　那要如何選擇合適的「行業」呢？有五大要素可協助我們來選擇：

　　1. 個人成長：是否能學習到多樣化的知識、應對技巧及培養正確的工作態度。

　　2. 合理報酬：工作時數與工作內容和實際所領薪資是否相稱。

　　3. 產業前途：未來具有前瞻性的行業。

　　4. 晉升機會：晉升與否端視自己表現，不受裙帶及年資的影響。

　　5. 工作價值：是否覺得工作有意義並樂在其中。

（三）公司的選擇

　　在確定了「方向」及「行業」之後，選擇「公司」也是一個學問。這個部分需要注意以下三點：

1. 公司：規模、制度、薪資、福利、教育訓練、異性……。

2. 產品：種類、口碑、彈性、服務……。

3. 主管：人品、學識、技巧、價值觀……。

當你考量了以上三點之後，會發現很難有一個公司可以十全十美，你可以考量自己所在乎的事項而加以調整，相信找到一家合意的公司並不會太難。如果你可以順利的選出理想的工作，但對方卻表示有消息再和你聯絡，那就請你好好的培養一下自己的本錢了！因為機會只留給有能力的人。

（二）如何找一個好公司

除了薪水之外，工作環境能否提供自己一個成長的空間也是非常重要的。事實上，目前許多跨國企業為了滿足現代人在需求順序上的改變，已經採用整體報酬系統以達到吸引、激勵的目的，以期留住市場上最優秀最有潛力的人才，除了傳統的薪資與福利項目外，整體報酬系統更加上了員工發展及工作環境兩項現代就業人口關心的重要項目。

（一）薪資管理制度

透過職務評等、薪資調查、薪資結構以及績效培育等管理辦法，企業應建立一完整的薪資管理制度。此制度不僅要能兼顧企業內部的公平性及外在市場的競爭性，同時要結合企業及個人的績效。薪資項目應包括底薪、年終獎金、特別績效獎金、特別津貼、長期激勵獎金以及其他非現金的獎勵。除此之外，某些企業為了吸引公司內具有潛力值得栽培的人才長期為公司服務，特別針對這些人提供長期獎勵辦法。

（二）福利制度

為了確保員工生活及生命的品質與保障，公司通常會訂定一套福利制度，此制度包括法定社會福利制度及公司內部提供的福利制度。福利制度的設計應兼顧合法性、保障性及競爭性。除了勞動基準法所訂定的基本勞工福利外，為了吸引人才，大部分企業均提供公司的福利制度，其中較特別的有退休辦法、壽險、意外險、醫療保險、失能保險、出差意外險等。

（三）工作環境

工作環境亦是求職者選擇工作時考慮的重要因素之一，如要吸引一流人才，企業必須提供一個具備下列氣氛的工作環境：

1. 公平及尊敬。

2. 包容性。

3. 溝通順暢。

4. 參與。

5. 團隊精神。

6. 知名的管理能力及健全的人力資源管理制度。

7. 績效導向。

8. 彈性工作調整等。

（四）員工發展

為滿足企業及個人的成長需求，公司應有一套完整的員工培育計畫，期望能透過一些特定的作法，達成培養公司核心主管接班人的任務，並善盡協助員工成長的企業責任。可採行作法有：

1. 個人績效培育計畫：透過主管與部屬長達一年的設定績效目標、工作指導及評估績效等互動，建立共識，並藉著員工技能與績效的提升進而提升組織整體的績效。

2. 在職訓練：提供員工在工作中學習新技巧、新知識及新的管理觀念的機會，如工作輪調、短期任務、參加專案小組等，提升員工的工作能力，以擔負更重要的職務。

3. 外部訓練：派遣員工至公司外部專業企管顧問公司或學校，接受專業或新專業知識、技能的訓練，以彌補其個人甚至企業內專業的不足。

4. 確定公司所需管理能力：為確保企業內各管理階層的在位者，均具備達成該職務賦予的責任所必須的管理能力（Competencies），企業應明定每一職位應具備的管理能力，並充分溝通至組織內每一階層，使組織內每一位成員均清楚了解，以便充實自己，爭取晉升或調任的機會。針對在職主管，企業亦可評估其具備的管理能力，與該職務必備的管理能力兩者間的差異，提供該主管作為未來培育的指標。

5. 訓練及發展計畫：結合公司長程經營策略及組織內長短期人力與才能的需求，公司應訂定一套訓練發展計畫以確保公司永遠有足夠的人才來達成公司長程經營的使命。此計畫可設定為針對公司整體發展、部門的發展或個人的發展。

　　整體報酬系統是人力資源管理的新趨勢，我們無法期望國內所有企業均採用此一系統。但每一企業均有其管理上的重點，可滿足不同階段的需求。因此，無論是社會新鮮人或是打算轉業或跳槽的在職者，在選擇下一個工作環境的時候，先仔細評估自己目前階段性的需求是什麼？是金錢？是安定？是成長？或是衝刺？再決定下一個工作環境是否適合我們。請記住，我們的行情是由我們自己決定的。只要能不鬆懈的充實每一個階段的學習，必能累積無窮盡的精神與物質上的財富。

（三） 我到底值多少錢？

　　如果你本就對現有的工作不滿意，工作時間長，底薪又低。公司強調低底薪高獎金，但獎金目標訂太高，永遠領不到。如果有一天你要轉職時，你應該要求多高的待遇呢？我到底值多少錢？我又該要求什麼樣的福利呢？

　　相信每一位應徵者或被挖角的人心中都充滿了上述疑問，都不了解薪資的標準到底怎麼訂或是由誰訂。事實上，薪資管理是人力資源管理領域非常專業的一門學問，每一家公司的薪資管理政策都因競爭市場的不同，公司利潤的不同，以及公司薪資定位的不同而有所差異。而在就業市場上，更因工作性質的不同及從事行業的不同而有差別。就個人而言，即使工作性質相同，也會因個人經驗多寡及紮實程度的不同而有所不同。要求多高的待遇，當然就要先評估自己的實力，及行業的潛力以及同業行情。

1. 專業領域：評估你的專業領域究竟屬於頂尖技能領域，或是一般技能領域；你過去所累積之工作經驗，是否可證明你的專業實力

2. 職業潛力：你所從事的行業是否屬於高利潤、有潛力的行業。

3. 同業行情：同時再多方打聽同行親朋好友的所得，並確實的將自己的條件與對方稍做比較，就可以估計出一個薪資範圍。

（四）如何寫一份好履歷

　　求職者對於應徵工作時準備履歷表，往往視為理所當然，但是究竟需不需要附上應徵信呢？這可就是個見仁見智的問題了，因為人事主管們所持的看法就相當分歧，有一些人事主管認為是「絕對必要，一切照規矩來，該準備的資料缺一不可。」有一些人事主管則認為：應徵信——「通常我看也不看就放到一旁了，直接看履歷表不是更清楚！」

（一）應徵信的功能

　　求職者自然無從得知你所寄出的履歷表中，哪些企業是根本不在乎應徵信的，所以比較理想的方式是勤快些，反正已經花費那麼多功夫了，若在這點小環節上產生疏失，豈不是功虧一簣。那麼應徵信該扮演什麼樣的功能呢？

1. 開場暖身用：像是寒喧打招呼般，讓人事主管在看履歷表前，先有個印象，有所期待，這封信的篇幅不要太長，通常在一頁以內，在精不在多。

2. 補充說明用：由於履歷表上適合放的內容十分有限，因此其他想要「說」的話，就可藉由應徵信的一隅來表達。

3. 蘊釀氣勢用：因為應徵信中你只能代表性的選取一、二件豐功偉業敘述，所以要讓讀者產生那種「欲知更精采的內容，且待履歷表分曉」的期待感。

（二）應徵信應包含哪些內容

1. 取得有利資訊：請發揮通天的本領儘可能打聽到欲應徵公司的人事主管或用人主管的大名及職稱，雖然對收信者而言，每一個應徵者同樣都是陌生人，但是針對特定個人的稱呼方式，絕對比「敬啟者」來得效果佳，當場就將雙方的距離縮短了些。

2. 首段通常先說明來意：通常雇主會比較各招募管道的效果，因此他們會有興趣知道你的消息來源是來自於何處。所以應先將你所蒐集到的資料，及自己應徵的動機、資格條件的符合程度做一個串聯，將應徵的理由言簡意賅的敘述清楚。或許你可以試著問問自己下列這些問題，以說明你的求職動機。

   (1) 你為何獨獨鍾情於這家企業？

   (2) 對於其產品有興趣？

   (3) 對於企業經營理念的認同？

   (4) 還是對於該產業特別看好其遠景？

3. 強調自己的賣點：針對企業所刊登的徵才條件來修飾、包裝個人的經驗與特長，使得這份工作看起來非你不做第二人想。要知道顧客只會對自己有需要的產品感興趣，在求職過程中，你既然將自己設定為一項待價而沽的商品，所以你得用醒目的方式摘錄個人的資格及工作成果，以突顯自己。不論是條列式或成段的敘述，選擇你認為效果最好的表達方式，讓應徵單位知道你是塊料，並透過你資料的呈現知道你的經驗能力可以幫助他們超愈現狀。

4. 一些補充說明的內容

   (1) 轉職原因：一般來說除非你是社會新鮮人，不然應徵單位應該都會想知道你轉職的原因，你若有經得起考驗的好理由，想要在此主動提出說明當然也可以。

   (2) 希望待遇：希望待遇為了避免麻煩通常都會寫依公司規定，但為了避免公司待遇與你的期望有過多的落差或你十分堅持自己的身價，也可在此註明「希望待遇」。

   (3) 其他

5. 文末正向用語：末尾通常是再度表現積極的爭取態度及商務禮儀用語，以表示你對於此份工作的強烈需求，以及對於應徵單位抽空瀏覽表示你的謝意。

儘管應徵信的功能相當薄弱，你真正的目的當然是希望對方快點去看你的履歷表，但是信中的字裏行間仍要流露出你的良好訓練及專業素養，尤其工作範疇中會涉及語文撰寫者，你的每一件文字作品更是會被細細評核，因此切勿輕率為之。

第三節　如何明天就上班

柏拉圖曾說：「凡事開頭最重要」。重視每項計畫，設法判斷從何處做起。然而，也必須考慮，究竟工作的起點在哪裡？是週一早上，還是推動計畫的頭一個念頭？

 面對職場，你有多少能力

我們應具備何種附加價值，來提升自我能力呢？一般認為，是需要以終身學習為職志，以日新月異的知識為探索，隨時掌握社會動態，亦步亦趨並身體力行。如此的自我能力提升，將具備各種附加價值，為人處事將可更進一步，不但是創造個人附加價值，亦可為社會、國家帶來附加價值。下列四點為提升自我能力附加價值重要因子：

1. 溝通能力：現代人當然是擁有世界觀的人，而世界觀的溝通工具當然不外於語文能力，最通俗是英文能力。

2. 資訊能力：網路是縮短人與人之間的距離最快速管道，且網路具有無遠弗屆的影響力，所以也是現代人附加價值第二項必備的條件。

3. 自我專業能力：自我專業能力與經驗是為自我成功捷徑。

4. 反省能力：如何將自己及前人的經驗做自我省思，可避免失敗的重蹈覆轍。

求職者不外想找一份錢多、事少、離家近、主管疼、異性多的工作，但這麼好的一份工作有誰會不想要？由於僧多粥少才造就了這個社會的競爭，因此相對的，求才單位當然希望能千中選一，選擇最優秀的人來為公司服務。

專業能力的培養

在應徵及升遷的五大要素中（學歷、經歷、能力、背景、姿色），學歷在短期間不會有太大的變化；經歷則是因時間的累積而增加；背景一項，除非找個有背景的另一半，否則也不會有太大的改變；姿色一項則可藉由化妝及穿著打扮有小幅的提升。綜合以上各項，當務之急當然就是培養自己的專業能力。

（一）專業能力的方向

該如何培養專業能力呢？這雖然是個老生常談的話題，但總不外乎從深度和廣度二方面著手：

1. 深度方面：上課專心（上班努力）、下課複習（下班學習）、多閱讀專業期刊、與專業人士接觸，不放過任何可以學習的機會。

2. 廣度方面：切記最高指導原則就是要「多」接觸不同的「人」、「事」、「時」、「地」、「物」，廣度是較容易的部分，但是需要不畫地自限才可，不怕學不會，只怕不想學。

（二）專業能力的培養

在競爭激烈的社會市場裡，老闆或企業主想要生存、甚至事業蓬勃發展，通常都需要員工具備表達、應變、組織三種能力，才有辦法助他達成目標。

1. 表達能力：表達能力包括「讀、寫及數理邏輯」。其實，在人事主管收到履歷表的那一刻，就已經在體會求職者的「文字表達能力」：沒有錯別字、文法通順、充分表達了自己的專長與工作期望。在通過履歷表呈現的文字表達能力考驗後，才能進一步取得面試的資格。

   到了面試階段，面試官進階面對面的測試求職者的「語言表達能力」：說話內容、伴隨語言呈現的氣質和誠意。其實，面試過程裡最容易自然地篩選有表達能力的職員，而表達能力會立即運用在工作上，例如：上班族必須寫出簡明、沒有錯誤的句子，隨時在文書、報告中使用，遑論傳播及文字工作者更應特別注重了。

在職場上「良好的表達能力」不但是重要的利器，也是老闆們重視的能力之一。無論是對內溝通或對外發表、提案，表達能力都扮演十分關鍵的角色。必須時常練習，才有辦法在職場中脫穎而出。

2. 應變能力：員工擁有「應變能力」，在平時可改進公司產品品質及服務，以因應市場競爭；在危急時，也能扭轉劣勢解除可能對公司造成的傷害。由於企業的競爭一向白熱化，老闆沒有多餘的精神及金錢僱用沒有大腦的人。他們要的人才是可以視狀況隨機應變的，要擁有創意及應變能力，才能幫助企業解決問題。然而，更好的員工是能發現問題、解決問題，這就需要敏銳的觀察力、創造力及執行力了。

3. 組織能力：組織中的領導包括「顯性」的頭銜和權威，而同事的敬重也是一種「隱性」的權力結構。現在的員工必須有很強的「組織能力」，以參與緊密相連的工作網路。所以，懂得如何組織運作的人，必定是最後的工作贏家。這種員工由於人際網路通達，能夠發揮影響力，使公司達到目標，同時也能使自己的生涯更上層樓。所以，懂得如何組織運作，也需要具有處理人際關係的技巧。這些人不但能發揮自身的才能，也能和同儕合作，更能帶動組織士氣，使工作環境充滿幹勁。而如果發生任務上的重大爭議，他們也有能力理出頭緒，並作出最好的人事安排及處理建議。

所以應該花些時間培養「成功的條件」，提升各種專業能力、技巧及正確的價值觀。所以我們在選擇工作時不一定要選擇錢多、事少、離家近、主管疼、異性多的工作，而是去選擇一份真正能讓自我有所成長的工作，他人所不願從事的工作，往往也是可以收獲最豐富的地方。

（三）為什麼我接不到面試通知

一個大學畢業生投了四十份簡歷，結果只收到一個面試通知，這是為什麼？專家表示，問題就出在大學畢業生定位不準和簡歷不能吸引人，這在某種程度上反映出畢業生自我定位能力、資訊蒐集與分析能力、自我推銷能力以及簡歷寫作能力的缺陷，因而造成了求職擇業中的障礙。

（一）定位不準

　　大學畢業生自我定位不準，最大的因素是程度上定位過高。他們往往自恃過高、眼高手低。同時，反映在求職過程中就是不能適時地進行自我調整，重新定位。求職過程是一個自我能力展現的過程，也是一個發現自我能力缺陷的過程。在這個過程中，求職者應該逐漸對自己的能力有更清醒的認識，並積極地進行定位調整。

（二）缺乏資訊蒐集及分析能力

　　除了自我定位能力有缺陷外，定位不準同時也反映了某些大學畢業生缺乏資訊的蒐集和分析能力。很多求職者對投簡歷的對象缺乏必要的認識和了解，根本沒有仔細分析他們到底需要什麼樣的人才，分析自己有哪些優勢和劣勢。有的甚至對招聘單位的基本情況和招聘要求一無所知，簡歷自然就只能亂投一氣了。

（三）表達能力欠佳

　　簡歷為什麼不能吸引人呢？它的直接原因就是簡歷寫作不專業，也就是大學生的簡歷寫作能力欠缺。一份好的簡歷應該盡可能地使用專業的規範語言。因為正規的招聘、專業的招聘人員注重的是求職者的專業能力。花俏的簡歷既沒有為招聘者提供足夠的資訊量，也沒有為自己樹立良好的專業形象。

（四）缺乏自我推銷的能力

　　簡歷寫作不僅僅是一些寫作技巧的問題，實際上它也是求職者自我推銷，自我展示能力的體現。一份簡歷質量的高低在於它有效內容的多少。在寫作簡歷過程中，有的求職者不知道應該盡可能地向招聘者展示自己的能力，他們在寫工作經驗時，寫得空乏而不具體，虛幻而不實在，如只寫自己在某單位實習過，沒有寫明自己在實習或工作期間所從事的具體活動。這樣一來，求職者就有可能自己埋沒自己。因為招聘人員是根據你的具體工作判斷你的能力，他一般不會在一份籠統的簡歷中為求職者挖掘能力。

（四）成功的穿著幫助你贏得工作

相信求職者都能頭頭是道的搬出專家的建議，然而知道是一回事，實踐卻是另一回事。如果你最近正準備去參加面談，你該注意那些事項呢？

（一）第一印象的傳達

求職面試基本上是求職者「銷售自己」的最重要關卡。在你還沒機會開口以前，別人先看到的是你的外表，也就是你的第一印象。你的整體造型打扮就是這層外在的包裝，第一印象為什麼如此重要？因為第一印象就在雙方目光接觸的一剎那形成了，這是一個不可逆的過程，所以我們希望留給面談者的是「你想傳達」的第一印象。

（二）你決定了自己的行情

在面談時，你竭盡所能的希望別人能相信你的能力、賦予你重要的職責、提供你高於市場行情的薪資待遇，這一切其實有 60% 以上是掌握在你手裏。你把自己塑造成什麼樣子，別人就會怎麼看你。

（三）呈現內外一致的氣質

面談時，你可能會特別注意遣詞用句，希望能從言辭間、談話的內容間塑造出專業素養及內涵。你更應該在穿著打扮上明確的傳達出你的用心，讓對方不論由哪一個角度觀察，都不得不承認：你確實很努力的想在面談中求勝。

（四）宛如專業人士的穿著

什麼叫專業的穿著？其實常在電視上看到各行各業事業有成的人士，他們十分注重個人形象的塑造，以顯現專業的權威感，因此他們的穿著很值得參考。

五　成功的面談技巧

觀察在找工作的朋友們，有些人很順利，總是能在短時間內獲得理想的工作；有些人則特別不順利，寄出的履歷表不是石沉大海，就是經過一次面談後就沒有下文，始終無法找到一份理想的工作，以致有懷才不遇、有志難伸的怨氣。

其實具有同樣教育背景或受同樣訓練的人，在求職時也會有截然不同的際遇。那麼要如何才能順利的掌握求職機會呢？其中非常重要的一項，就是面試前要有充分的準備，準備的事項相當多，大概可以分為下列幾項：

1. 性向、興趣的自我了解：我們要花大半輩子從事的職業，如果能和自己的性向或興趣結合，必能做得比較愉快，所以事先對自己做一番了解是有幫助的。性向及興趣的了解可以透過專業指導者或機構，如學校的就業輔導單位或專業管理顧問公司提供相關的檢測方法，有機械性向測驗、文書性向測驗、藝術性向測驗、語文推理測驗等。透過測驗了解自己專業的傾向，把握自己的專長發展，自然可以事半功倍。當然興趣是可以培養的，專長也可以經由研習而具備，但選擇與個性相符合的工作，比較容易發揮，也可以減少挫敗感。

2. 認識人事廣告：在求職的過程中，掌握求才訊息是第一步。現今的廣告手法十分多樣化，很難去判斷或了解其真實性，因此從廣告中篩選出自己期望的工作機會也是很重要的事。從以上這些資料就可以概略了解該公司背景、文化、產品、管理制度、經營理念、未來發展及個人成長機會等，這些都是求職要考慮的要件。對廣告的資料可自行先做分析：(1) 廣告有沒有刊登企業名稱；(2) 應徵信函的收件處所是郵政信箱或地址；(3) 對一般性資訊的提供是否周詳。

3. 準備個人資料：在與未來雇主面試的過程中，被詢問到以往的經歷、經驗、成就等是必然的一部分。雇主往往會要求求職者提出相關資料以茲佐證，因此，在前往面試之前先將資料準備好，一方面可以對過去的成就提出具體的明證，另一方面可由此顯示個人做事的計畫性，進而充分反應你有做好任何工作的能力。一般常被要求的資料有：最高學歷的證明、在校時的成績表現、服畢兵役的證明、個人工作上的作品或成果等。

4. 預留充分的面試時間：有些人在應徵面談時常要求縮短時間，原因不外乎要趕回公司上班，要趕下一個面談約會，或與朋友有約，甚至要求在上班以外的時間面談。此種急於應付的態度，皆顯示應徵者對面談的不重視，應該避免。記得面試前也得提前到達，讓自己熟悉這個陌生的環境，穩定緊張的心情，做好最佳的準備。

5. 自我的準備：在面談之前，可以先打聽整個面談過程花費的時間、進行的方式、是否另有筆試、參與面談的主管人數，以及面試主管的職位和姓名等。還有就是建立良好的第一印象，雖然錄取與否不全然取決於第一印象，但第一印象通常都會影響面談主管對應徵者的判斷，何況就業市場競爭激烈，如果多數應徵者在學經歷各條件差別有限時，外在的印象就是重要的決定因素，所以如何做適宜的打扮是很重要的。

6. 隨時注意禮儀：在面談之前如與公司接待人員或通報人員接觸時，亦應注意禮儀。如與公司人員擦身而過時，應隨口問好或面帶笑容，因貴人可能就在你身邊。你適時的禮儀，加上該公司內部同仁的讚美，人事單位可能就決定給你機會了。

　　職業生涯的發展在人的一生中是項大事，而掌握生涯機緣的首要是做好面談前的準備，往往因疏忽其中一個小細節就喪失了機會，甚至有時候連自己都不知道到底錯在哪？因此，即使準備的事項繁多，仍應仔細規劃。

 ## 六　自信是成功者的特質

　　所有的老闆都會希望雇用有自信的員工，因為，對自己有信心的人通常也擁有積極、樂觀的工作態度，這樣的人遇到困難不會輕易說出「我做不到」、「不可能」，更不會一遭遇挫折，就再也爬不起來。

　　相反地，他會懷抱著希望和企圖心去挑戰新的事物，去探知自己的極限在哪裡，甚至努力去突破這極限。也只有對自己有信心的人，才會有源源不絕的創意與活力，這正是成功者的特質之一。

　　「原本只能獲得六十分的事情，假如你堅定意志，充滿信心的去做，很可能就會產生八十分的效果。」因為你必須先對自己產生信心，才能說服別人相信你，別人也才會覺得你值得信賴。

本章摘要

1. 一個人的生命歷程，主要是事業，情感、婚姻與家庭，個人身心發展三個主要面向所組成，每一個面向的發展都有其順境與逆境，才能構成我們多樣的人生。

2. 一個人的某些行為、態度、性格，常常會和家庭的氣氛、或家人對他的影響有著密切的關聯。因此，探討家庭、同儕、及社會經濟文化因素對個人生涯規劃的影響，可幫助個體整合自己與環境之間的關係。

3. 一般人安排工作與家庭的四大價值取向有均衡發展、家庭導向、工作導向、生涯困境。

4. 如何選擇合適的「行業」呢？個人成長、合理報酬、產業前途、晉升機會、工作價值等五大要素可協助我們來選擇。

5. 薪資管理制度、福利制度、工作環境、員工發展等四大項目，為就業人口找一個好公司關心的重要項目。

6. 應徵信該扮演什麼樣的功能呢？開場暖身用、補充說明用、蘊釀氣勢用。應徵信應包含事前有利資訊取得、說明來意、強調自己的賣點、補充說明、文末正向用語等內容。

7. 身為現代人的我們，就應具備各種附加價值，來提升自我能力。溝通能力、資訊能力、自我專業能力、反省能力為四項提升自我能力附加價值的重要因子。

8. 在競爭激烈的社會市場裡，老闆或企業主想要生存、甚至事業蓬勃發展，通常都需要員工具備表達、應變、組織三種能力，才有辦法幫助他達成目標。

9. 為什麼你接不到面試通知呢？這通常反應出你的履歷呈現了定位不準、缺乏資訊蒐集及分析能力、表達能力欠佳、缺乏自我推銷的能力等問題。

10. 要能順利的掌握求職機會，就要在面試前要有充分的準備，可朝自我了解、認識人事廣告、準備個人資料、預留充分的面試時間、自我的準備及注意禮儀等方向來著手。

本章問題與討論

1. 請問你找工作時最重要的考量因素為何？

2. 你的工作如何對你的家庭及休閒生活產生影響？

3. 如果你有機會錄用新進人員，哪些條件會是你最為強調重視的？

4. 你希望在工作中獲得什麼樣的發揮？

5. 在工作方面，你認為哪些技巧可以再加強，使得工作更加得心應手？

6. 當面試官問你我們為什麼要錄用你，你會怎麼回答？

筆記頁

第四篇
「用心」看未來

■ 職業生涯
的另一章

如何在職業戰場中生存

生涯的抉擇與變異

轉換職場生涯跑道

■ 人生的
下一章

退休生涯規劃

終身學習

探索內心的真正需求

職業生涯的另一章

你是否想要擁有不同於現在的工作、位置或職場生涯？你是否是個一心想要讓自己的組織，可以跟上今日世界快速腳步的領導者？或者，你是初入職場的新人，你是否還想著就在同一家企業終老，職業生涯不會發生任何變異呢？

第一節　如何在職業戰場中生存

 在職業戰場如何備戰

（一）建立良好「人脈」

你該擁有什麼樣「人脈」呢？什麼才是好人脈呢？有人認為「人脈」等於「錢脈」，或等於「職場升遷」，甚至認為在職場上「人脈」的經營，比具備「專業知識還重要」。好的「人脈」我們無法一眼看清，但謹守一個原則不要以利為「人脈」的出發點。如果你希望培養未來在工作中可拉你一把，給你某種方便的「人脈」，我們提供你幾個具體的參考方式：

1. 消息來源多且準確的人：可以提供商機、或好的工作機會的朋友。

2. 具誠信特質的人：可以在關鍵時刻，替你美言幾句，有影響力的朋友。

3. 職務上的「窗口──承辦人」：可以協助你工作順利的朋友。

4. 有金錢資源的人：可以提供經濟支援的朋友。

5. 具影響力的人：可以給你利益，或能介紹重要人物給你，有影響力的朋友。

6. 具備專業知識的人：需要時，可以提供專業的諮詢及協助。

並不是認識的人多就等於「人脈豐富」，泛泛之交也談不上人脈，真正的「人脈」，必須要有「友誼」的成分在其中，讓對方在未來「被你所用」的過程中，他不但心甘情願，還有幫助朋友的喜悅在裡面。提供下列幾點建立人脈的方式：

1. 從培養自己的魅力開始：要建立真正「人脈」的關係，最簡單的方法就是先「培養自己的魅力」，讓別人被你吸引，主動靠近你！自己的魅力何來？往往就從你的「內涵」開始。在職場，「內涵」就是專業能力，或互動過程的溝通能力。再來，就是願意對人付出，及親和力的部分。

2. 廣結善緣：讓大家喜歡，就是「培養人脈」的第一步。不過，每個人的
   體力、時間有限，多跟程度不錯、頻率相當的人保持互動，讓他們認同
   你、喜歡你、未來需要時，他們也會願意協助你。不要一開始就「設定
   誰」是你未來的人脈，廣結善緣就是「培養人脈」的第一步。

不過，與其要向別人尋求協助，不如以「多給予、少要求」的做法開始。
平日就培養關係，以自己的長處出發。付出不見得要計算著回收，養兵千日用
在一時！以友誼為出發點，讓自己成為別人的貴人。

當你的「人脈基礎」已經夠鞏固，當你需要時，不妨提出需求。而我們所
提出的需求，也並不用要求對方有實質的回應，因為「告知而不請求」也是一
種提出需求的方法，因為每個人的時間、資源及體力有限，所以可協助的空間
也有限，或許對方也有所不便之處，所以當我們提出需求時記得顧及對方的立
場，要多加斟酌勿強求，也不要食髓知味因而過度的濫用，勿爛用人脈資源，
而讓你的「人脈」短縮。

人脈關係是需要經營、培養及維持的，平時就得多和友人多聯絡互動，這
樣人脈才會透過人與人的連結，像網絡般的交錯編織，在無形之中慢慢的擴大
人脈。記得培養自己的魅力開始，與人交往時要有誠意，表達關心和感謝，維
持適時的互動，從廣結善緣踏出拓展人脈的第一步，而在獲得別人的幫助時，
讓對方感受到我們感恩的心，是一種無形的回饋，也就是增進雙方情感交流的
互動，就是經營人脈的方法。

（二）順勢而為的職場法則

還記得小時候國文課本中提到的「魚兒逆流而上」給我們不畏艱苦奮發向
上的精神嗎？然而在職場中固然需要這種努力不懈的工作精神，要在職場中生
存，「順勢而為」也是必要的，因為我們可能都沒有意識到失敗的原因是我們
「逆勢而為」。

就如同在生活中，認為長輩觀念保守老舊，而與父母嘔氣吵架，很想以自己的觀念改變他們的想法。而在職場中也是如此，有時為了理想或為了行事方便，免不了會在生活中與其他人持不同意見，而有所爭執。但其實生活中每個人因為時代及環境的不同，都擁有不同的觀念與處事方式，如果他不想被改變，我們也無需強求他們接受我們的想法，因為，那是一種逆勢而行，你不如學著圓融點，順勢而為！

如在廣告公司的環境裡，最常見的是創意人員堅持己見，只重視自身創意，卻忽視客戶立場的情形。如果客戶最後不買單，與其說是客戶不夠聰明，不如說自己從一開始就逆向操作，落得「事倍功半」的下場才是。而在職場辦公室裡，若總覺得自己能力強高人一等，也無法服從上司的旨意，因此一意孤行，無法在對「上」、對「下」或「平行單位」好好溝通說服，到最後就落得一個孤立無援的窘境，事情當然不會成功。

心理學上有個說法：「人是不喜歡服從別人的。」回想我們自己，也有一些事是無法做得很好的。而當碰到與我們立場完全不同的狀態時，除非必要，還是採用一種「超然的態度」來面對完全不同的觀點吧！不需要投入太深，把自己陷入一種激烈辯論的狀態，耗費精神和元氣，這時候最好的處理方式就是「開放的心胸」和「幽默感」。當你學會順勢而行時，生活有效率多了！

（三）做好代理人職務

一年三百六十五天，你免不了會有請假或遇到同事請假的時候，無論是公假、事假、病假或喪假，一樣都得面臨工作代理問題。

平時在上班場所通常會有所謂的工作團隊，通常來說，在工作團隊中，職務都會有些許的了解，這樣一來不管是你或其他同事要請假時，彼此接下業務代理的工作才能更順利的接手。而若當你要請假時，因公司團隊或個人問題找不到職務代理人時，千萬別在沒有代理人時自行請假，以免日後發生問題，這個後果只能由你自行承擔。記得立即向主管反映，由主管出面解決問題。否則在沒有代理人時自行請假，日後發生問題，最後倒楣的還是你。

由於代理人通常需負起請假人請假期間的所有責任，因此為了避免日後發生過失時的責任歸屬問題，當有同事請假，無論你是公司規定的法定代理人，或同事私下請求幫忙，為了保護自己，同時讓工作更加順暢，可以參考以下的三要一不原則（卓正欽，民94）：

1. 要有書面的工作交接內容：對想要請假的上班族來說，即使公司有明確的代理人制度，也應負起責任主動寫下詳細的工作事項。而對於代理同事的態度也應該是虛心請人幫忙，而並非抱持著「公司規定他是代理人，他就得負責」的心態，否則代理同事在心不甘情不願的情況下，極有可能草率處理你的事情。在現今講求專業分工的工作環境中，每個人不盡然都清楚了解同事的工作內容，更別說是細項的工作進度，若要求代理人自行判斷工作代理範圍將會非常困難且危險。因此，當你被通知為同事請假代理人時，第一件事就是要求請假人詳細寫下請假期間原訂的工作內容與處理方式，然後坐下來和請假同事一項一項討論確認，並可提出假設性問題，以防有臨時狀況發生。

2. 要共同確認公司內部可用資源：在確認工作內容時，或許請假人會主動建議，當有緊急狀況發生時可以尋求公司內部其他人的協助。這時代理人應該立即偕同請假人與第三人確認，以防止日後真的發生問題想尋求其他同事協助時，同事不清楚狀況或推說沒有接到通知。

3. 要讓共同主管掌握狀況：讓主管清楚知道誰要請假、誰是代理人，讓主管知道該找誰負責。如果代理人在交接後認為，代理工作量有可能影響本身的工作進度，也應該事前向主管反映，請主管指派另一個共同代理人分擔工作。

4. 不要輕易接手背黑鍋：另外代理人需要特別注意的是，有些辦公室老鳥會因為事先知道隔天將有麻煩事，因此故意請假閃避責任，並委請其他菜鳥同事代理。為了避免類似背黑鍋的事情發生，倘若職場新鮮人發現代理的職務實在與本身經驗相差甚遠，就應該以「很抱歉，我對於你的業務不熟」，勇敢拒絕並請他求助其他同事。

而當你成為職務代理人時，若遇緊急狀況無法解決時，先向客戶說明，行緩兵之計拖延戰術，記得馬上聯絡負責人或向主管求援，記得當負責人收假回來確實交接後，還是要注意後續的發展，以避免同事有漏失，遭池魚之殃。

（四）打造個人的品牌優勢

打造個人品牌最好的起點，就是從身邊的缺點或是遺憾上著手（不管這些缺點是你個人的，還是同事的），找出更好的方法將這些缺點一次解決，對公司績效或是個人品牌價值的營造來說，都有絕佳的加分效果。個人在企業中的價值往往來自於「你對別人的價值」，只想管好自己的人，會平白喪失許多機會。

對於工作的認知，可以將它定義為「個性競爭力」，而個性的競爭力是將來讓自己特別突出的重點。原因就在於，「專業能力」可以透過制式的教育來養成，講個人的品牌價值，最終的目的就是要在職場中保持領先的地位。可是要在哪些地方多加著墨，才能笑傲職場，有七種能力必須經營：

1. 財務的能力：要能了解一個企業的財務運作，至少別人拿公司的財務報表給你看的時候，你不要還一頭霧水。

2. 人事的管理能力：簡單來說，就是讓周遭的人願意被你管，而其中的關鍵是，自己要先培養被人管的雅量。

3. 英文能力：國際化的年代，至少要精通一種國際通用語言。有人認為只要英文聽、說、讀、寫「過得去」就行，可是如此一來，你已經無法和中國的人才競爭了，因為他們的外語能力——至少在英文方面比一般人想像的好很多。

4. 業務的能力：一個不懂業務的人沒有能力縱觀市場行情，而且也沒有辦法開發新市場。有個統計數據指出，60％以上的 CEO 都有業務經驗，而這些人也深信，「業務」是養分最多的工作，因為他們必須兼具說服、財務和策略規劃的能力，所以業務是人生當中必備的一項生活歷練，而不是一項工作。

5. 專業能力：而且是絕對不能打折扣的專業能力。今天一個北京大學的畢業生，他的專業能力和你差不多，但是要價只有臺灣人的三分之一。如此一來，你的競爭力在哪？

6. 分析事情的能力：它可以增加你想問題時「自動化」的程度，也是增加競爭力的重要指標。

7. 情緒控制的能力：當我們的 IQ 不是 180 的時候，需要靠 EQ200 來彌補。回想一下在職場裡，你想到一個人的時候，不一定會記起他的能力，而是會想起他個性的成熟度。

所以打造個人品牌優勢，第一步就要打造個性競爭力，以聯電徵才為例，最後錄取的員工除了專業能力之外，人格特質通常排在所有人前面，足以顯見個性競爭力對個人價值的影響，甚至超過了專業能力的考量。

二 在困境中學習

　　如果能對神燈許下三個願望，你有什麼願望要許？如果有一千個工作機會等你來挑，你要選哪一個？如果這三個願望都落空、一千個工作履歷都被退回，你有從挫折中復原的能力嗎？

　　在資訊爆炸時代、壓力高漲的氛圍中，每個人都必須具備在有限時間內做出最明智選擇的能力，同時還要能承受來自四面八方的挑戰與挫折的復原力，否則工作將淪為失去歡笑的一樁苦差事。

（一）提高挫折復原力

　　生活當中，總是會遇到大大小小波折和難題，為什麼有些人可以輕易應付生命中的重大考驗，但是有人卻連最小的挫敗也無法承受？關鍵就在於是否擁有「挫折復原力」。一個人有「挫折復原力」並不表示他就感受不到任何壓力及衝突，而是他更知道問題發生時如何在逆境中自處。

　　目前企業界所重視的新能力莫過於「挫折復原力」。因為面對隨時會冒出頭的壓力與挑戰，現代的工作人必須具備的第二個新能力就是從逆境中快速站起來的能力。而所謂挫折復原力，就是當你對生活有所不滿時，或是發現自己的行為或言談常讓你感到失望、憤怒、不悅時，你必須主動修正造成這些問題的負面腳本，即使必須勇敢跳脫長久以來看似安全的安適區，也不能忽略夢想及理想的追尋。這項能力能讓我們在遇到生活、工作、情感等各種壓力與不如意時，以正面積極的態度面對。

　　你曾經發現自己不斷重複著同樣的行為，卻適得其反嗎？有很多人每天重複著相同的行為，得到一樣的反效果，就好像演員排演一樣，跳脫不了腳本的編排。當我們的行為只會帶來反效果或是失敗，但我們卻持續進行時，這就是所謂的「負面劇本」，這些負面腳本會影響到我們生活及工作的各個層面，是阻礙我們培養挫折復原力的障礙。兩位美國最知名的臨床心理學家布魯克斯與戈爾茲坦博士在《天下》雜誌出版的《挫折復原力》一書中，教我們如何培養、加強「挫折復原力」這項特質，擺脫阻礙改變的「負面劇本」的十個要素：

1. 改變生活，更改負面劇本。

2. 選擇抗壓，而不是被壓力擊垮。

3. 用別人的觀點觀察生活。

4. 有效溝通。

5. 接納自己及他人。

6. 貼近他人及發揮憐憫心。

7. 有效處理錯誤。

8. 培養特長，欣然面對成功。

9. 訓練自律及自制力。

10. 維持心智堅韌的生活型態。

除了語言能力、運用科技的能力、溝通能力、學習能力、應變能力，以及選擇的能力外，想想看，如果你是面試的主考官或是部門主管，你還會加上哪個指標，來評估錄取誰或者選擇誰當接班人？

（二）學習面對你的情緒壓力

職場裡的工作情緒壓力，常常來自具時效性的龐大工作量和執行時的不順暢。當事情很多時，如果沒有良好的掌控力和應變力，很容易就會陷入壓力的困境。這裡談的掌控力，指的是對工作的了解能力和對情緒的處理能力；應變力則是指遇到突發事件的變通彈性能力和協調能力。其中情緒壓力的處理是否得當，常常是工作執行順暢程度的關鍵之一。

情緒與壓力是一體的兩面，情緒是外露；壓力是內隱。壓力大時，常伴隨情緒而來；而情緒發洩時，也常常會帶來後續的壓力。在職場裡，你可能會經常被要求，在短時間內完成超過自己能力所及的事情。你想想看，如果工作量已經很大了，若稍有一點差錯或突發狀況，可能無法達成目標時間要完成的工作，對有責任感的主管來說，絕對是一件痛苦的事。如果這時候，你的情緒沒控制好，而自亂陣腳，很可能你所有的努力或績效都會被完全抹殺。

近代許多管理學者的研究都指出：「一個人會成功，其中智商能力（IQ）僅占 20％；而 80％ 是靠機會運氣和情緒智商（EQ）。」還有更多的數據顯示：「在能力相近的情況下，個性樂觀的業務員會比個性悲觀的業務員，二年內在績效上的表現，平均高出 37％；而悲觀業務員在第一年的離職率是樂觀業務員的二倍。即使能力稍差一點的樂觀者，在第一年的績效，也會比能力好一點的悲觀者多出 21％，而且第二年還更超出 57％。」

由此可知，個性樂觀的人情緒管理能力好，面對挫折或壓力時，比較能自我調適，積極向目標邁進。另一方面，IQ 能力稍差的樂觀者，學習時間雖然需要久一點，但一段時間學會後，與 IQ 高的人所展現出來的成果相比較，是大同小異的。反而，樂觀者較佳的學習態度和情緒管理能力，會有更出色的表現。

職場中的情緒壓力，常來自四面八方，在不同角色功能的需求下，很容易造成本身的負荷和衝突，形成情緒壓力，傷害身心。所以不管你是不是管理者，現代人都應該具備四個簡單情緒管理的能力：

1. 自我覺察力：感覺是引導我們走過人生無數抉擇的重要力量。想管理好情緒，先要認識自身情緒感覺，不了解自身真實感受的人，必然淪為感覺的奴隸；反之，掌握感覺才能成為生活的主宰，知所抉擇。

   自我覺察力的培養，首先要正視每一個感覺和敏銳的觀察力，仔細聆聽並觀察自己和別人，可以幫助你在抉擇時，做出更正確的判斷。理想的抉擇不能單靠純粹的推理，還要靠過往經驗累積的情緒智慧。

   其次要有好奇和不自以為是的心態，沒有好奇就沒有感覺，伸出觸角，探索世界，可帶來無窮樂趣，但不要自以為是。特別要注意的是，過強或過弱的感覺，都會影響理性判斷的決策、但缺少感覺的理性反而是盲目的。

2. 情緒整理力：學會自我覺察後，接著就是要學會如何「整理」及「處理」情緒，如何自我安慰，擺脫焦慮、灰暗或不安。當你處在情緒爆發的高點或者很難控制自己情緒時，不妨離開現場，轉移情緒的注意力，做一些不一樣的事情，放鬆肌肉或深呼吸，緩和一下情緒。待情緒穩定下來後，問自己掌握在哪裡，最在乎的是什麼？然後再給自己準備一條路，一條不一樣的路，給自己一個下臺階的路徑，不要執著堅持，更不需要得理不饒人，才能儘快走出生命低潮，重新出發。

3. 自我激勵法：當你面對失敗的結果，要發揮創造力和自我激勵的本能，將情緒專注於一項目標，找到成就的動力，必然能讓自己愈挫愈勇。成就任何事情都要靠情感的自制力，也就是要克制衝動和延遲滿足。所以，保持高度熱忱就成了一切成就感的動力。

你可以想想看，有沒有能讓你有「成就感」的事情，或者什麼是讓你「最在意」的事情。從思考的過程中，你會激起新的希望，可以重新面對情緒的挑戰。然後你要保持自信，相信自己一定會成功，自然能產生「比馬龍效應」（意指：如果你認為事情會成功，它就一定會成功；會失敗，就一定會失敗。），讓事情在勇往直前的努力中成功。

最後，你要提升你的「親和力」，你就能夠增加釋放出來的人際能量，主動給予正面評價，心情自然就會好。

4. 學習同理心：在處理或激勵自己情緒同時，也要認知別人的情緒、人際關係的管理，也就是在同理心中，建立自我認知和人際關係。人際關係是管理他人情緒的藝術，一個人的人緣、領導能力、人際和諧程度，都與這項有關。能充分掌握這項能力的人，常是社會上的佼佼者。要學習同理心，必須先要清楚知道兩個原則，就是不要批判，並保持清晰思考的自衛能力。要以「自覺」為基礎，一個人愈能坦承面對自己的情感，愈能準確閱讀別人的感受。處理情緒的方法很多，「面對它、接受它、處理它、放下它。」正是情緒處理最好的紓解過程；也就是要勇於面對情緒，正視它的存在，尋求解決，最後要學會放下情緒。

（三）你已經變成職場恐龍或是職場青蛙了嗎？

生為現代產業環境變化快速的上班人，為了跟上時代的腳步，在職場生活中，你不只要成長，而且還要講求有速度的成長。但是你會不會連自己都已經停滯成長，甚至落入不再成長的環境卻不自知，卻還沒警覺到？千萬別變成別人口中不知成長遲頓的職場恐龍，或甚至已掉入了安逸的環境，變成職場青蛙或職場螃蟹而不自知，而最終將面臨永不得翻身或更悲慘的命運。

什麼是職場恐龍呢？當你已經停滯自我成長，你已經變成所謂的「職場恐龍」了。這時候的你不應該懷疑是老闆大小眼，也不應該自滿於安逸的現狀，你應該開始觀察自己與周遭同事的差異，然後設定自我成長步驟。

若是所處的環境是一個會讓你警覺到成長停滯的環境，你應該感到慶幸，最怕的是處在周遭同事都不成長，甚至厭惡其他人成長的環境，而你在這樣的環境中卻還能怡然自得。那你便是職場青蛙，落入溫水煮蛙的危機，被慢慢煮熟燉爛了還不知道。如果你已經意識到自己正處於一灘死水中，你應該趕快離開，因為狀況其實會比你想像的還要糟。

而處於成長停滯的環境中，可能還會出現阻礙你成長的負面拉力。當所有人都安於現狀，如果你表現出積極在學習，很容易被其他人用有色眼光看待。這就像一堆螃蟹放在一個沒加蓋的簍子，當有一隻螃蟹想往上爬時，其他螃蟹就會踩上去，結果沒有一隻螃蟹爬得出簍子。要在一個停滯學習、停滯成長的環境中出淤泥不染，真的很難。

然而對於上班族而言，每天的工作都已經堆積得像座山一樣，每晚下班也都累得像趴趴熊一樣，只能回家懶懶地蜷縮在床上，怎麼還有精力和時間在下班後還去進修？ 其實，充電並不一定要在下班後才能做到，而是在工作的過程中，或者在其他零碎的時間裡，一點一滴地累積自己的實力。

固然到專門機關學習，能收到短期的成效，不過如果你每天的工作已相當繁重，可能就力不從心。以下介紹四種方法，讓你「學習」起來一點都不花時間，更不費力，又有成效。

1. 一切事物均為吾師：還記牛頓發現「萬有引力」的故事吧？像蘋果從樹上掉落下來看似很正常的事，而也在我們的生活中出現，我們是不是已經把這些事當成理所當然，卻從沒有思考過背後所隱藏的問題呢？日本經營之神松下幸之助曾說：「心靈所見，一切事物均為吾師。」他認為在日常生活中有許多事物蘊含著真理的啟示，而工作也是一樣的情形，當你把工作當作一種尋寶過程，仔細觀察周遭的環境，一定也會有所收穫，這些收穫就是你人生的寶物。

2. 隨筆記下點滴思路：世人所知道的達文西，在他六十七年的生命裡，竟寫下多達一萬三千多頁的筆記，而達文西思考廣博精深，所以能集藝術家、發明家、科學家、哲學家等身分於一身，就是在於他一點一滴地累積自己思考的結晶，而不是起於他畫出流傳千古的「蒙娜麗莎的微笑」。記得隨手帶著一本小記事本，試著將瞬間略過腦中的點子或影像化為實際的文字，記下你的心靈點滴。

3. 善用零碎時間 ：每個人的一天都是二十四小時，但是有的人卻能讓自己的每一天都比別人多出幾個小時，而他們不是真的多出了幾小時，而是在於能充分地捕捉零碎的時間加以利用。新聞採訪中心的人員身處分秒必爭的新聞戰場，又得隨時充電掌握時代的動向，所以便發明「撕書讀書法」，這個讀書法就是每當發現好書，就一次購買兩本，一本放在家中，一本事先分割成好幾個部分放在車上，於是塞車乾耗的時間便轉化成他的讀書時間。與其在無所事是變成放空的恐龍，不如充分捕捉零碎時間，使自己成長。

4. 篩選資訊，有效閱讀：在這個日新月異的時代，每天都有多如繁星的新資訊產生，而且資訊傳遞的速度又比人吸收的速度還快，所以不免有「辛辛苦苦追著知識跑，但似乎又徒勞無功」的感覺。這種現象尤其在電子、資訊產業特別明顯。對於身處瞬息萬變的現代社會，資訊流通的速度不但快而且廣泛，與其不斷盲目追趕最新資訊，不如先將資訊經過篩選，然後閱讀自己最感興趣、最有用的資訊。如此一來，心境也不會一直處於焦急的狀態中，反而有滿足感與充實感，也才能產生閱讀的良好循環。如果能事先過濾資訊，並加以整理，經過長時間累積必能有所學。

第二節　生涯的抉擇與變異

 正視生涯中的抉擇

　　「其實工作很忙，沒有錯；要賺錢，也沒錯，但是如果因此而失去快樂，那就不對了。」所以當我們在工作感覺到倦怠或是茫然，不妨停下來反思你的工作初衷，是為何選擇這份工作，或是為什麼要工作呢。從你踏進職場的第一天起，我們就開始問一堆問題：你想為誰工作，為誰效命？這個問題似乎是我們每天都要重複演練的選擇題。也許你可以想一想：「我要在哪兒工作？」和「我要做什麼工作？」這兩個難題永遠沒有解決的一天，沒有一件事情可以定案，人總會伸出觸角不停尋找更新更好的機會。於是如何選擇，選擇什麼的問題就隨之而來。

做決定是件困難的事，而每個決定各自有不同需要考慮的因素。做明智抉擇的第一個步驟，就是要充分認清目標。不過，在你做正式抉擇之前，首先要選擇的的目標是：

1. 是要做出絕對完美的（the absolute best）選擇？

2. 還是只想要夠好就好的（good enough）選擇？

再來則是如何思考「選擇」這件事，因為有時候多未必好，夠好就好。明智的決定通常包含以下步驟：

1. 認清目標。

2. 衡量每個目標的重要性。

3. 列出可供選擇的項目。

4. 衡量選項是否符合設定的目標。

5. 篩選出一個最理想的項目。

6. 再以所選擇的後果，修改原目標、重新設定重要性。

7. 評估未來可能的結果。

能夠有機會為自己做抉擇，對我們的幸福與身心健康有很重要的影響。不過，抉擇也有一些負面影響，而且隨著抉擇的增加，這些負面影響也跟著擴大。表面上看來，面臨抉擇時選項很多是件好事，但要放棄可以選擇的機會並不容易，關鍵在於你必須要了解，對你而言，抉擇的過程常常讓人對自己的抉擇產生較負面的情緒，你並沒有真正地從這次選擇的機會當中得到什麼。

而當你放棄其他選項而做一項抉擇，你是依什麼原則來評估做出抉擇所付出的成本呢？是自己訂立法則？是自己可以考慮的選項數量？或是可以投資的時間和精力呢？要解決過量選擇所帶來的問題，你必須要先決定，在生命中，哪些才是真正重要的，然後將時間和精力集中在這些選擇上，放棄其他的選擇機會。確定自己所要的，就能放下第二志願。藉著減少選項，就可以減少選擇的數量，了解真正重要的是什麼，而得到比較正面的情緒。

職場的變異

　　基本上有制度的企業會運用明確的目標管理與績效管理流程，評估、衡量員工的工作表現，並公正的處理員工去留問題，而非任由主管私自處理。所以在未有任何人事命令前，我們還是得秉持著人性本善想法理性思考，多打聽主管的行事作風，千萬別因為一時懷疑而負氣離開。一般來說。有制度的公司，通常會在處理不適任或表現不佳的員工時，有一定的程序與作法。從一開始以口頭溝通的方式進行，若仍然無法改善，便會開始用以書面記錄的方式，共同明訂改善的期限與目標，要求員工達成。

　　而若真的主管是想利用刁難工作或抽離工作來暗示你離職，為了保護自己不被惡意遣散，在此提供你不同的因應對策（高治誠，民 93）：

1. 遇不合理的刁難——吃苦當吃補，凡走過必留下痕跡：第一種常見的方法是「暗示」，主管經常以不合理的要求來刁難員工，好讓員工受不了而自動離職。為了避免日後離職時出現勞資糾紛，初期還是以儘量配合主管要求的原則為主，一方面當作是另一個磨練自己的機會，另一方面則可以開始做「存檔備份」的動作。換句話說，為了以防主管日後硬是以「工作表現不符合要求」等不適任的原因強迫離職，在每一次授與工作的同時，員工可以用電子郵件的方式與主管再次確認工作內容；或是當主管一昧地責難你的表現，你可以寫下改善的方向，主動跟主管溝通。即使主管沒有回覆，但你已做了再次確認的動作，同時也有明確的紀錄，日後發生爭議時可以此為佐證，保護自己的權益。

2. 遇剝奪員工工作的成就感——別自我放逐，為自己創造新的工作：另一種可能被用來暗示要自動離職的狀況則是「剝奪員工工作的成就感」，也就是不再分派新的工作任務，甚至連手邊進行到一半的業務都由其他同事接手，讓員工處於無事可做的尷尬狀態。如果遇到這樣的情形，當然不能就抱持著「是公司不給我工作，又不是我不做」的態度，開始上網閒聊或看報紙喝茶。相反地你應該主動協助周遭同事，甚至委婉地跟接手你工作的同事表達，「公司可能對我有其他的安排，在那之前我可以先幫助你更快進入狀況」，同時記錄每天的工作內容。或者，你也可以自己創造新工作，利用時間蒐集資料提出新的企劃案。總而言之，就是別讓自己什麼事都沒做，以免日後讓公司更有理由要求你離職。

不管主管是否真的在百般的刁難你，當你懷疑你已被暗示要自動離職，另一個恰當的處理方式則是尋求人資部門的協助。無論部門主管是理性地認為你真的不適任，或非理性的就是要逼你走，透過人資部門較客觀的第三者立場來處理都是比較恰當的，也可以避免情緒性的衝突產生。或者，你也可以透過人資部門尋求調動職務、轉換工作的機會。

三 為裁員作準備，從容說再見

在平時偶爾會聽到有公司裁員的消息，更何況是在不景氣的時機，誰都無法保證自己不會被裁員，所以更要注意心態上的調整，更要在平時未雨綢繆，才能安然度過裁員危機。

（一）被裁員的失落感

東方人的社會中常會有一個工作護一生的工作心態，但在這樣變化快速的年代，人力派遣的工作方式，已漸漸的在東方社會中形成。招募新人的成本也日漸增加，企業不再排斥重新雇用離職的員工，隨時都會有可能出現裁員，引進派遣人力。傳統工作人都有一種工作到退休的心態，以至於很難接受被裁員的事實，結果陷入三種失落感中：

1. 自我認知的失落：有些人，特別是主管人員，常在優秀的績效與客戶的稱讚中，自我強化了他們在公司裡的重要性，以至於無法面對突如其來的變故。

2. 眾叛親離的失落：許多人都不能接受原來像親人、朋友般相處的上、下屬或同事突然變得疏離。

3. 自信心的失落：特別是一些原本生性內向，或從事較少與外界接觸工作的員工或幹部，很容易會因為裁員而喪失自信，更加退縮。

（二）隨時做好被裁員的準備

傳統的工作人因為「終生任期心態」的影響，引發了這些失落感，結果帶來更多的傷痛。反觀那些能夠安然面對裁員的員工，他們抱持「任務指派的心態」，以一種完成階段任務的心情來接受職務的結束，則讓他們更坦然的面對現實。為了減輕裁員所帶來的傷痛，現在的工作人，不僅要注意心態上的調整；在實際的做法上，也該在平時未雨綢繆減輕傷痛，千萬別以為裁員與你無關。

（三）被裁員的自我防衛對策

　　不論如何講求對策，或是多麼優秀的菁英，在這種不景氣的局面，仍有可能碰上難以避免的裁員風暴。所以必須將可能成為裁員對象的注意事項，放入自己的備忘錄中，也就是考慮接下來的生活中，最低限度的防衛。

1. 注意保全公司相關資產：就是在感到公司有倒閉的危險性時，要保全員工持股的股份，公司內存款很重要。很多公司都將它們寄存在信託銀行，所以還算安全，不過有些公司會以它們做為貸款擔保，一旦發生狀況，放款機構會優先使用於擔保權、稅款及公共費用，必須注意。

2. 注意退職理由：退職分為自願退職及撤職，考慮到轉業，自願退職當然有利多了。因為被公司撤職，難免會被外界解釋為這個公司「不要你」，退職理由的重要性可想而知。

3. 注意失業保險：如果是自願退職的話，你的失業給付金必須在申請手續後經過三個月又一週才能領到，但換成被撤職時，申請一週後就可以領到了，這一點有了解的必要。 萬一你有「以失業給付金做為生活費」的想法，更是要考慮周全。因為，如果手續大幅延遲，有時可能無法領到全額給付金。 切勿一廂情願地放心，認為失業保險與自己無緣，確實掌握給付期限等，才能安心踏出下一步。

　　總之，置身於這個時代，身為上班族，不論是誰，都有被裁員的可能性，求才廣告或就業雜誌都要過目，認識自己的行情，必做好情緒的調適，千萬別讓天外飛來的人事命令給擊沉。

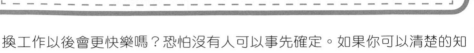

第三節　轉換職場生涯跑道

換工作以後會更快樂嗎？恐怕沒有人可以事先確定。如果你可以清楚的知道你想要的是什麼，不妨轉換職涯跑道，勇敢追求展翅高飛。

 離職該不該

換工作到底好不好？其實沒有標準答案。即使在景氣最好的時代，生涯規劃也並非「一生只有一次選擇」，每個人一生中，或多或少會修正自己的生涯之路，這是無可厚非的現象。

然而隨著時代的變遷，科技的發達，上班族難免遇到產業的外移、公司的變革、甚至職務的消失等狀況，即使不想轉換跑道，上班族也不一定可以如願以償。但也因為時代快速變遷，人由於學習、接觸新事物，產生興趣後，往往希望能追求「新領域的突破」，這時候，如果既有的工作無法滿足這種新的追求，「轉職」就成為一個必然的解決方法。而有些成功人士往往因為某一個突發事件，繼而追求另一個生涯目標，但這必須具有實力，以及善於把握機會。「實力」往往來自於之前的努力及磨練，甚至是來自於曾經經歷不同環境的洗禮；而「機會」則是靠自己創造，以及由於多看而產生的觀察力。如果要分析換工作的原因，不脫以下幾種：

1. 非自願性質的轉職：景氣不佳的時候，許多上班族因為遇到公司的裁員、合併、或公司倒閉等因素，不得不轉職。甚至，是已經預期所處企業即將發生的狀況，早先一步做好準備退路。如果是遇到這種非自願的因素，之前必定已有預警！

2. 工作內容的變化或不合理：因為不景氣中，企業會不斷的調整目標，及賦予員工更多的要求及職責！這時，工作內容往往會和原先的職務內容不符合。即使是很積極的上班族，也可能因為不合理的工作內容而萌生去意。企業中個人工作內容的調整，是不景氣時最常發生的事情！尤其是大部分的企業，傾向以「遇缺不補」的方式來節省人事的開支，這時候，分擔離職同事的工作，是很常見的現象！

3. 感覺自己在組織中沒有發展：如果工作無法將個人的優點發揮，許多人會產生不滿足的感覺；而公司沒有適時的給予肯定及尊重，也會讓「求成取向高」的上班族心生不滿，當未來生涯發展不能吻合時，上班族便會萌生去意。如果要找尋有發展的職務，必須從了解自己開始。建議上班族先檢視自己的「能力、學歷、經歷」，然後在求職網站中搜尋符合自己專長的工作，之後撰寫能夠有效呈現優點的履歷表，主動投遞，努力爭取符合志趣的工作。

4. 工作環境人際氣氛差：辦公室氣氛惡劣，是員工跳槽的重要原因之一。工作環境人際爾虞我詐，其實比繁重的工作更令人討厭，因此是員工離職的重要原因之一。工作環境的氣氛和人際問題不管哪裡都會發生，只是程度大小而已。如果因為這個原因轉職，也要考慮下一家公司也有可能有同樣的問題。上班族應該還是先要調適自己擁有適應環境的能力才是，儘量找尋工作中其他的意義及價值，審慎考慮要不要轉職。

5. 錢的因素：「老闆不加薪，自己加」。的確，在某些行業，跳槽是最快速加薪的捷徑，如果新工作挑戰性更高，薪水更多，跳槽是無可厚非的，不過有一得，必有一失，跳槽過去也未必事事盡如人意。如果，上班族只是哪裡熱門就往哪裡鑽，等到鑽進去了，說不定產業榮景已經不在，只是白白浪費時間。

6. 個人因素：個人因素有所謂搬家、生子、移民，甚或對工作厭煩想轉換跑道也算。

　　無論是什麼因素，「轉職」不是情緒的發洩，也不是逃避的方式，更不是對原雇主的不忠誠。現在的觀念和老一輩的「一輩子從事一份工作」已經不一樣，反而，在年輕的時候就有轉職的經驗，會比年紀一大把再考慮轉職更好。不過，過度頻繁的轉職，或許會讓人有無法穩定的印象。

職涯轉換跟「工作認同」有很大的關係，工作認同包括工作上對自己所扮演的專業角色的認同、傳達給其他人的專業印象，還有我們想擁有的是什麼樣的工作生涯。通常成功的職涯轉換其關鍵點，在於我們能明確的知道自己下一步該怎麼走，並能依循這個信念達到自己想要的目標，但可惜的是，很多換工作的人，都是先做了才去想下一步怎麼走，為什麼會這樣呢？因為職涯轉換表示我們放棄了原有的工作認同，必須另外塑造一個新的工作認同，這需要花費許多時間跟精力。

正因為很多人都犯了先做再想的毛病，Ibarra 提出了一個「先詳細計畫再去執行」的觀點，建議想換工作的人，先釐清並確定什麼是自身真正想追求的、什麼樣的職涯是自己所認同的，再審視自己目前所從事的工作及現有的職務領域，是不是符合自己的條件與經驗，是不是還對這份工作抱有熱忱，跟了解自己的朋友多聊聊，聽聽他們的意見，或是聽聽在自身領域中其他專業人士的論點，確定自己的信念之後，再進行職涯轉換。

二 在抉擇時刻，勇往直前

換工作不是說換就能換，特別是在景氣不好的時候；如果問題不是換公司可以解決，而是根本不喜歡這種工作，那問題就更大了，如果要改行，想到的除了之前十幾年所投入的教育和經驗可能完全白費，轉換職業跑道後所要面對的挑戰就更多了。

（一）機會來臨，評估風險

我們都必須學習何時應該迎向未來，接受未知風險的挑戰，而何時又該按兵不動，以安全為上。這不是個容易的選擇，因此，問題就在於：我到底如何決定這個機會適不適合我？

這絕大部分會取決於你是一個怎樣的人。多數人只會強調機會的某一面而忽視了另一面；有些人則把機會看作實現目標的機緣。事實上，有些情況明明是危機四伏，他們卻視而不見，可以想見投身其中的人一定是傷痕累累，直到他懂得記取教訓為止。而即使情況有利於你，為你的工作而努力和為了自我炫耀，兩者之間是有很大的不同的。

（二）釐清目標，採取行動

　　機會來臨時你會採取什麼行動，這和你對生活的看法息息相關；或者，我們可以借用愛因斯坦那個有名的問題：「你把宇宙看作是個友善的地方嗎？」於是你會發現，那些認為宇宙不是個友善地方的人，不但在機會來臨時迴身逃避，甚至經常連辨識機會的能力也沒有。

　　做重要決定時，都應有清楚的指導方針，尤其是在決定要不要接納新的機會時更是如此。但在你的人生和事業中，這樣的決定可能會更複雜得多，因為你所要考慮的因素也許根本沒有什麼具體的參考標準，像是你的才華、企圖心、以及你是否已準備好了要接受挑戰。釐清你為何努力是很重要的，否則當你的勇氣遭受挫折時，就會開始把機會視為危險，害怕隨之而來的失敗和損失。以這種態度看待生命的人，即使在遇到人生最重要的機會來臨時，難免會退縮不前。

職場生涯的下一個契約

　　我們要轉職無非是想找個符合興趣或有發展前景的工作，或是更實際地想找個薪水待遇或工作環境更好的工作。但你是否已作好萬全的準備了呢？

（一）轉職者常犯的錯誤

　　但當你決定轉職時你是否已經做好相關的準備，以讓自己能為自己爭取到更佳的工作機會或是有更好的待遇呢？上班族在轉換工作時，常會發生五大錯誤，值得轉職者多加留意！

1. 愈跳是否愈高，愈跳是否愈好：「換工作後薪水一定會更高」、「跳槽到別的公司比較容易獲得加薪升職的機會」，但事實並不盡然如此，轉職後的薪水需視「職務」及「工作累積的成就」而定，因此，想換工作的上班族，一定要向新老闆充分顯示「自己的所學所能，符合企業需求」。同時要取信於雇主，自己的能力值得雇主加碼錄用，否則跳槽不一定會加薪。

2. 忽略「自傳」的重要性：現在許多履歷表都已格式化，求職者撰寫履歷自傳並非難事！尤其「自傳」是面試官了解求職者的「思維模式」、「表達能力」，及「所學所能」的重要管道，如果無法在「自傳」中突顯個人與所應徵職務之間的關係，或甚至沒有寫，獲得面試的機會很低，求職者千萬不要忽略寫「自傳」的重要性。

3. 哪裡熱門往哪裡鑽：部分上班族喜歡隨波逐流，然而職場的變化相當快速，今天的熱門產業可能一轉眼就成為昨日黃花，因此，上班族還是選擇自己感興趣的行業，讓自己樂在工作，只要樂在工作，工作表現佳，實際報酬自然隨之而來。

4. 換工作就能擺脫惱人環境：辦公室氣氛惡劣，是員工跳槽的重要原因之一，但每一個辦公室，都有人際關係或競爭的問題，上班族得要調適自己，讓自己擁有適應環境的能力，才是根本解決之道。

5. 面試前沒有做功課：求職者在面試時，往往會表達對該公司或職務很感興趣，但是當被進一步問到對該公司的產品、服務或企業文化的看法時，又不一定能說出所以然。求職者應在面試前做好功課，查詢公司的營業項目及職務內容，面試時才不會一問三不知。

所以上班族若想換個「好工作」，還是得多加把勁，避免重蹈前述的五大錯誤。

（二）為自己爭取更佳的待遇

轉換工作時，如何為自己爭取較優渥的待遇？上班族在轉換工作時，不可避免的，在工作談判的過程，對方早晚會問你有關「收入」的問題。因此，在雇主問這個問題之前，為了好好回覆，你一定要做好準備。

1. 不用對過去薪資說謊：對過去的薪資說謊是不利的！如果你說的離譜，面試官可以同你的前任雇主求證你的價碼，而且勞保單上的紀錄，也可以反映你過去的薪資。

2. 正確地估算自己的價值：如何正確地估算自己的價值，就是在面試之前，想想你「全部待遇的價值」。你可以先算算你之前的薪水，除了底薪之外，像工作獎金、三節獎金、公務開銷、股票、認股權、甚至購車津貼、健康檢查福利等等都加起來算一算，你才能真正估算出自己的價值。

3. 了解目前的市場上工作薪資的結構和平均水準：打算轉業或跳槽的在職者，在爭取未來薪資的時候，務必要先大致了解一下之前工作的薪資結構，才不致沒有標準可參考。

4. 合理範圍內多要一點薪水：什麼是「在合理的範圍內多要一點」？例如：根據行情要求更多的薪水；或是之前公司給了你某種福利，而新公司沒有，嘗試試探是否可以「用薪資的提高」替代目前的福利。如果，求職者已經為自己留了「談判的空間」，大多數公司並不會答應你的所有要求，或是全部不答應也有可能，但是如果你說出合理的原因，正常狀態下，對方應該不會為難你。

　　針對你認為對方給得起的地方下工夫，同時，提出你很在意的部分。如果公司方面看法不同，你可以對其中一項讓步，好讓公司同意另一項，這是談判的小技巧。如果你的要求不合理，可能會顯得很愚蠢和貪心，對方會懷疑你頭腦有問題，反而丟了工作機會。所以，不妨在轉職前好好準備，並在求職時在「在合理的範圍多要求一點」，為自己的下一個契約爭取更好的福利。

（四）漂亮的抽身美學

　　或許是你自己，也或許是你周圍的朋友，在休離職假期間或離職手續還未完全辦妥期間，就已經「悄悄」的到新公司上班了。如果你認為，這個行為頂多逾越「職業道德」，對個人利益不會構成立即的影響，恐怕就太一廂情願了。因為，如果碰到公司追究，個人所必須承擔的法律風險可不低。請在轉職時注意下列幾點事項：

1. 經理人請小心：根據公司法第三十二條規定，「經理人不得兼任其他營利事業之經理人，並不得自營或為他人經營同類之業務」。換言之，如果你的公司要追究你在帶薪休假期間，卻到新公司上班，於法是有依據的。而且，公司還可能主張，以你在新公司工作期間所領取的薪資作為賠償金。千萬別打著離職假期間，先到新公司上班的如意算盤，最後結果可能賠了夫人又折兵。

2. 注意勞保的保障：勞保也是一個關鍵議題。雖然同時有兩份工作，兩位雇主均依法必須投保，但是許多人在休假期間到新公司工作時，基於不願張揚，大多等正式離開前一個工作後，才會正式加入新公司的勞保。在這段期間內，萬一在工作上發生意外或職業災害時，若碰到新雇主以「沒錢好賠」為由拒絕給予職災補償，個人權益將大受影響。雖然在舊東家你仍有勞保的資格，但因為你屬於「休假」而非「工作」期間內受傷，可以申請到的給付頂多是一般傷病補助。

3. 別忘了簽約內容：另外，許多人因為工作多年，在離職時常會忘記當初進公司時，所簽訂的工作契約，因此最好在離職時也重新審視一遍。尤其是工作契約中，是否有牽涉到「競業禁止」的條款。一旦有此一約束，碰到上述爭議時，個人在法律上可以爭取到的空間更加渺小。即使沒有明確的競業禁止約束，但當兩家公司在市場上是處於敵對的競爭關係時，基於敏感的業務機密考量，有時企業為了以儆效尤，也會對員工採取不同程度的追究動作。雖然結果不一定會對個人造成直接的利益損害，但卻會讓個人的誠信大打折扣。

4. 確實完成離職工作：一些公司也會在工作契約中，對於離職交接有明確的規範，例如：對於未完成交接就逕自離職，有些公司會訂定賠償金條款，或因未進行交接造成業務損害，企業可以舉證要求賠償，因此上班族也必須加以注意。千萬不可擅自離職，有些企業便以勞基法中「無正當理由繼續曠職三日」為由，直接開除員工。這對員工的薪資或許不會造成影響，但在愈來愈多企業在聘任員工時，會進行背景審查（reference check）以及要求員工報到時提供離職證明的情況下，這個後果將會為個人留下不良紀錄。

　　上班族在處理離職過程中，對於可能影響個人權益或是聲譽，一定要謹慎，以免得不償失。

本章摘要

1. 「人脈」的經營，比具備「專業知識還重要」。好的「人脈」我們無法一眼看清，但謹守一個原則不要以利益為「人脈」出發點。

2. 如果你希望培養未來在工作中可拉你一把，給你某種方便的「人脈」，提供你個具體的參考方式：消息來源多且準確的人、具誠信特質的人、職務上的「窗口——承辦人」、有金錢資源的人、具影響力的人、具備專業知識的人。

3. 當你的「人脈基礎」已經夠鞏固，當你需要時，不妨提出需求。而我們所提出的需求，也並不用要求對方有實質的回應，因為「告知而不請求」也是一種提出需求的方法。

4. 打造個人品牌最好的起點，就是從身邊的缺點或是遺憾上著手，找出更好的方法將這些缺點一次解決，對公司績效或是個人品牌價值的營造來說，都有絕佳的加分效果。

5. 講個人的品牌價值，最終的目的就是要在職場中保持領先的地位。故必須經營：財務的能力、人事的管理能力、英文能力、業務的能力、專業能力、分析事情的能力、情緒控制的能力等七種能力，才能笑傲職場。

6. 擺脫阻礙改變的「負面劇本」十個要素：改變生活、選擇抗壓、用別人的觀點觀察生活、有效溝通、接納自己及他人、貼近他人發揮憐憫心、有效處理錯誤、培養特長面對成功、訓練自律及自制力、維持心智堅韌的生活型態。

7. 當事情很多時，如果沒有良好的掌控力和應變力，很容易就會陷入壓力的困境。掌控力指的是對工作的了解能力和對情緒的處理能力；應變力則是指遇到突發事件的變通彈性能力和協調能力。

8. 情緒與壓力是一體的兩面，情緒是外露；壓力是內隱。壓力大時，常伴隨情緒而來；而情緒發洩時，也常常會帶來後續的壓力。

9. 現代人都應該具備自我覺察力、情緒整理力、自我激勵法、學習同理心，這四個簡單的情緒管理能力。

10.「面對它、接受它、處理它、放下它。」是情緒處理最好的紓解過程。

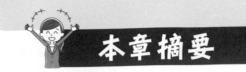

本章摘要

11. 如果每天的工作已相當繁重可試著以篩選資訊有效閱讀、善用零碎時間、隨時筆記下點滴思路、一切事物均為吾師四種方法，讓你的學習不費力，又有成效。

12. 若主管真的是想利用刁難或抽離工作來暗示你離職，為了保護自己不被惡意遣散，若遇不合理的刁難則把吃苦當吃補，若遇剝奪員工工作的成就感時，則別自我放逐，為自己創造新的工作。

13. 傳統工作人「終生任期的心態」（tenure mind-set）引發了失落感，結果帶來更多的傷痛。而能夠安然面對裁員的員工，他們抱持「任務指派的心態」（assignment mind-set），以一種完成階段任務的心情來接受職務的結束，則讓他們更坦然的面對現實。

14. 職涯轉換跟「工作認同」有很大的關係，工作認同包括工作上對自己所扮演專業角色的認同、傳達給其他人的專業印象，還有我們想擁有的是什麼樣的工作生涯。

15. 上班族在轉換工作時，常會以為「愈跳愈高、愈跳愈好？」、忽略「自傳」的重要性、哪裡熱門往哪裡鑽、換工作就能擺脫惱人環境、面試前沒有做功課等五大錯誤，值得轉職者多加留意！

本章問題與討論

1. 若你發覺你處於一個停滯成長的環境，你會對組織或個人的改變有什麼樣的建議或策略呢？

2. 請問你未來的理想工作為何？又將以什麼方法營造自己的個人品牌？

3. 對於未來分秒必爭的職場生活，你有什麼具體的時間管理策略，以讓自己可以在工作與生活獲得平衡，以及成長學習？

4. 對於未來職業生涯的工作認同，你將扮演什麼樣專業角色？你想傳達給其他人如何的專業印象？以及你想擁有的是什麼樣的工作生涯？

5. 請試著舉出上班族在轉換工作時常犯的錯誤，而你將如何避開這樣的錯誤呢？

Chapter

12

人生的下一章

一、退休生涯規劃
二、終身學習
三、探索內心的真正需求

　　雖然我們都知道自己難逃退休生涯，但卻少有人提前準備、規劃，而面對這樣的課題，也並不是每個人都能適應這個生活的轉變。步入退休生活的人，無可避免地都必須會面臨到重新調整生活步調的過程。但對大多數的人而言，多多少少都會對老年的生活無所適從。因此，完整且長期地做一份有關退休前後之生活狀況的規劃，是我們每個人都要思考的問題。

第一節　退休生涯規劃

　　退休生涯規劃不僅是高齡者至為關切的問題，也是即將成為明日老者的你我所共同關注的課題，可為老年人開創另一個燦爛的舞臺，成為一生中最值得追求的勝境。

一　退休生涯規劃的意義

　　在談退休生涯規劃前，我們要先試著去想想什麼叫做退休？退休和離職又有什麼不同呢？當個人在組織中生涯發展到達終點，便是離職與退休。依勞基法規定，工作十五年滿五十五歲、滿二十五年自動退休、滿六十歲不堪工作者強迫退休，雇主得依法令得強制退休。意即自願退休或強制退休都有年限之規定。但非合於退休條件時，因其他事故，主動或被動離開組織便是「離職」。但退休並不僅此於退休這個一定條件時間點的動作，退休還有著另一個人生的延伸的重要意義。對於退休的人，應該認識到退休是人生的一個階段，它和失職招致的處罰有著根本的區別。

　　退休（retirement）意謂著離開工作場所，長期休息之意，或意謂著正式工作的結束與全新生活角色的開始，包括對行為的期待與對自我的重新定義。也有學者認為退休最周延的定義是，退休是一種心理狀態，一種離開工作而重新定位的心態。

　　退休也可以是過去勞動的結果或報酬，退休者是不再做全職的工作而領取退休金的人，意即退休可界定為個體不再從事一項全時有薪的工作，而接受過去工作的退職金作為某些收入的人。因此，退休是一種工作賺來的報酬，是過去勞動的一種結果，是原有工作的結束，也是一種新生活的開始，可視為角色的變遷與二度人生的開展，是造成生活上重要改變的一種過程。

　　退休生涯規劃，主要是借用一般「生涯規劃」的理念，作為退休人員在規劃離開就業市場後的生活時，所應具有的一些概念、方法和技巧。茲將退休生涯規劃的意義歸納分述如下所示：

1. 退休生涯規劃是有計畫的過程：退休生涯就是期望對自己有個「計畫性」退休的觀念，思考前瞻性、未來性的生活目標，在退休前作各種生活面向的準備，包括經濟生活、醫療保健、心理和社會適應、再就業和社會性參與活動等的課題。對個人退休生涯所做的有目的、有計畫、有系統的規劃與安排；是一種設計、準備、期望和力行的過程。

2. 退休生涯規劃是個人生活型態的選擇：退休是一種個人生活方式的選擇和生活型態的規劃。老年期的生涯規劃，最重要是在於選擇一種適合自己的生活方式，安排自己滿意的生活型態，進而促進個人成長，使自己的生涯具有意義。

3. 退休生涯規劃是自主性的抉擇：所謂「退休生涯規劃」，包括願意並預先思考退休後可能發生在經濟、家庭角色、日常活動以及社會交往方面的變化，並採取某些措施引導這些變化。肯定個人是一個自主性、自發性及自決性的完整個體，可以抉擇其退休生涯發展目標，以決定個體適應環境的生存方式，並運用各種方式予以達成。

4. 退休生涯規劃是不斷追求自我平衡的歷程：退休生涯規劃是個人自我認知、自我探索、自我實踐，持續不斷於個人內在、外在環境變遷因素中，尋求平衡點的生活歷程。在過去我們的生活一直被繁忙的工作給牽動，一但退休之後，不需再為公司犧牲奉獻時，生活型態完全改變，你得為自己的生活找到一個出口，探索自己內心深處的需求，將生活的重心轉移，為自己找到一個生活的平衡點。

5. 退休生涯規劃是再一次的自我評估與實現：退休就是退而不休，經由生涯規劃的過程，我們將重新檢視自我的興趣、性向、專長、人格特質等，並對外在環境、社會資源做整體性的評估，以增進個人潛能的發揮，掌握生涯發展的大權，達成自我實現的目標。過去，退休同義於老邁、遲緩、不中用，以及不再被社會需要、被迫失業，讓位給年輕人，然而未來的退休型態將會改變。未來的退休型態將會是壓力與焦慮減少，有時間自由享受生活，又能在工作中得到成就感及額外收入。可預見的是，網路將在退休規劃中扮演舉足輕重的角色。電腦不僅豐富了退休族的娛樂選擇，也成為開創事業第二春的工具，讓他們可以在家工作、上網交友。

退休生涯規劃的重要性

　　退休是人生歷程中的一大轉變，這種轉變意謂著失去固定的經濟收入，一個有秩序的生活結構、自我概念與人際關係顯著的改變，閒暇時間的增長，以及喪失來自工作的身份、地位及意義。如果沒有善加規劃或預作準備的話，都會造成適應不良。造成退休生活適應不良的主要原因是缺乏事前準備，並建議這種準備應包括財務及社會生活上另謀發展、一顆預備改變的心，以及因應改變的計畫。如此，才能愉快地邁向退休後的新生活。簡而言之，退休生涯規劃的重要性如下：

1. 避免「退休震盪」的發生：所謂「退休震盪」（Retirement Shock），依 Harris（1981）的研究，認為其主要困難源自於經濟上的威脅感、同僚和朋友關係的不足感、工作喪失所帶來的失落感以及無用感、和社會缺乏聯結及無法獲得自尊的滿足感。

　　因此，未妥善準備進入退休階段的老人，將經歷退休的衝擊，甚至形成老年生活的一種新的創傷。退休老人的生涯規劃即在形成一種有意識、有系統的準備，使得人們在屆齡退休或中年時，就可以開始為自己打算，以避免「退休震盪」的發生，減輕退休對老年生活造成的負面衝擊。

2. 肯定老年生命的價值：由於社會上充滿了對老年的偏見與歧視，「老」總是與衰弱、退化、孤單、卑微、貧病等聯想在一起。事實上，年齡與經驗、智力、成熟呈增加性函數，老年人經歷了人生大半的歲月，累積了豐富的閱歷與經驗，具有圓融的智慧與超脫的人生體驗，可以繼續服務人群，發揮生命的餘熱，對社會有所貢獻。

　　因此，年老是我們耗費畢生心力去追尋得來的成就，「老」應該是一種驕傲，而不是恥辱的標記，所以年紀長是智慧的累積，是希望的代名詞。

3. 達成「成功的老化」：所謂「成功的老化」（successful aging）是指個體對老化的適應良好，生理保持最佳的狀態，進而享受老年的生活，亦稱「順利的老化」。但是成功的老化不會自動到來，它需要個人主動去追求、掌握才能得到。有計畫的退休人員，其老化認知態度較佳，同時生活適應較好。因此，退休老人的生涯規劃是達到成功老化的重要途徑。

總而言之，如何使自己在上了年紀之後，讓晚年生活成為一生中最值得回味的美麗時光，讓無憂無慮、無牽掛的老年歲月成為人生的第二個快樂童年，可以遊戲而沒有時間壓力，可以休閒而沒有財務壓力，端賴自己是否能在退休前做好各種準備，包括各種心理適應和生活安排等。

(三) 退休生涯規劃的要訣

現代人很重視所謂的生涯規劃，可是往往只規劃如何生，卻忘了規劃老、病、死這三個大關口，所以一旦老、病、死來臨時，往往心慌意亂，不知如何應對。面對老、病、死三大關口：預立遺囑、健全財務、培養生活興趣才能擁有愉快的晚年。所以我們在平時可提前預想退休後的生活型態，事先規劃我們的退休生涯，提早為退休生活做準備。

(一) 做好死亡的準備

面對老年階段的人生經營，首先要做好「死亡準備」。事實上，在今天這樣高風險的社會中，每個人平時就應做好死亡準備。比方預立遺囑、預立遺囑執行的委託人、喪葬儀式、交代遺物和遺言等，這些身後事如果平時就已明確表示和準備，則對隨時可能發生的意外，心中都會坦然無懼，也不會給家人添加許多麻煩。

客觀來說，生與死是一體的兩面，愈是怕死，就愈是恐懼人生。接受死亡，才能找到生命的真諦。思考死亡其實是思考生命，因為死亡讓生命變得有限，因為有限所以要珍惜；因為體認生命的無常，讓我們更能正確思考生命存在的意義，對需要幫助的人及時伸出援手，將生命的愛生生不息的延續下去。

(二) 健康風險的轉移

除了正視死亡，我們還必須做好晚年的生活規劃，而且愈早開始愈好。高齡退休最大的風險就是生理機能的退化，長壽而不健康是退休後的最大隱憂。年紀大了以後，通常健康會走下坡，生病的機率大增，除了靠平日的保養和健康檢查之外，萬一生病，醫藥費、看護費等等的支出，都有可能把原本已經規劃好的退休計畫打亂掉。

所以一個完善的退休計畫，應該要包含移轉健康風險的妥善規劃，以免一場病耗掉太多退休安養資源。在因應老年化社會的到來，目前有許多商品是針對退休族群所設計的，其中包括終身醫療險，長期看護險等等。

（三）退休理財的規劃

　　目前有愈來愈多的人想要提前退休，過自己想要的生活。但是提前退休最大的問題是收入不穩定，因此要有健全的財務規劃。退休要存多少錢才足夠？根據財務管理專家的說法，如果以目前的定存利率簡單計算，一個人至少要有一千五百萬元才能夠過自己想過的生活，所以在準備退休金的預估時，你應該先確定下列三個問題，才能對為自己的退休理財預設一個明確的目標，也不會造成你過多的心理負擔：

　　1. 你離退休還有多遠？

　　2. 你已經累積了多少？

　　3. 距離目標還有多遠？

　　另外，想要退休後的財務更有彈性，除了提前規劃、提前積蓄以外，就要想辦法「開源」，包括發揮自己的另一專長，或是培養理財方面的專長。事實上，離開職場退休之後，還能夠有收入，一定是屬於較專業、門檻也較高的行業，不是人人可能擁有的機會。

　　退休後的兩大財務負擔，一是生活費用，二是醫療費用。前者可透過儲蓄或開源來負擔，但後者卻很難估計，因此最好的策略，就是透過醫療保險的規劃，避免醫療費用造成財務壓力，影響生活品質。

（四）生活重心的轉移

　　退休後你可能睜開眼的第一個想到的問題就是「今天幹些甚麼呢？」，退休後的生活是如此的讓你茫然。人生的意義是在集體的勞動中產生的，是在對社會的責任意識中產生的，也是在創造價值的過程中產生的。人本來就是屬於社會的，一旦離開社會，難免陷入孤獨。所以往往退休後，一瞬間所有的時間都變成自己的，我們面對可任意支取的無形財富，反而不知道該如何使用的情形，是很有可能發生的。

　　如何安排退休後的生活十分重要。擁有一筆錢固然是很多人的夢想，但是沒有目標的退休生活卻更可怕，如果不安排好退休後的生活，人會老化得特別快。所以，平常就要培養自己的興趣，讓自己的退休生活不致失去重心，過得索然無味，同時退休後最好有老伴、老友相伴，這些都是必備的條件。

基本上，退休最重要的前提就是提前準備，不管是培養自己的興趣還是財務規劃，只要提前準備，即使面對少子化與高齡化的危機，老年人愉快過著退休生活將不是夢。

第二節　終身學習

「終身學習」是一個理念，目的是提倡人人都應該無時無刻不斷求學，有求知的心，這是確實無誤的。現今的人正需要這種「終身學習」的態度，因為物質豐盛的社會已經培養出一群物質主義的奴隸，他們缺乏充實的精神生活，心境空虛。因此提倡「終身學習」已經是當務之急。

一　終身學習的意涵

終身（life-long）的字義，根據《韋氏辭典》和《牛津辭典》的解釋分別為「延續一生」（lasting during one's whole life）及「從生到死」（period between birth and death）的意思。我國《辭源》根據《論語・衛靈公》：「有一言而可以終身行之者乎」，謂「終身」為「人之一生」也。而《辭海》中根據《論語》，堯曰：「天祿永終」，皇疏：「祚祿位長，卒竟汝身也」，謂「終身」乃「極、窮、竟其一生」也。因此，「終身學習」乃是指「竟己一生不斷學習」的意思。簡單的說就是活到老學到老。所謂終身學習可被視為涵蓋一切有目的的正式與非正式學習活動，其目的在於增進知識、技能與能力。茲對終身學習的相關意涵整理如下：

1. 終身學習是一種觀念：終身學習的中心詞是「學習」。傳統制度把人的一生分為學習期與工作期，認為前半生的學習是為後半生的工作做準備。這就是說，傳統意義上的學習是一個與工作相對的概念，僅僅指那種坐在遠離工作崗位的教室中的學習。而終身學習中的學習則是廣義的。

2. 終身學習是一種發展中的社會化學習體系：終身學習是一種發展中的社會化學習體系，它包括接受式學習、有指導的自主學習、完全的自主學習等多種類型。

3. 終身學習為開發國家的教育願景：終身教育的觀念，自 1960 年代末以來，在聯合國教科文組織（UNESCO）的倡導下，已成為世界主要國家教改的原動力。環觀世界開發國家，近年來的教育發展有二項趨勢至為明顯，一為學習社會的建立，二為教育制度的更新。這是已開發國家的做法，「推展終身教育，建立學習社會」已成為共同的趨勢。

　　廿一世紀以後，人類面臨政治、經濟、社會、文化等急遽的變遷。社會工業化、現代化、科技化的結果，使人類創造了前所未有的物質文明，但相對的也帶來許多嚴重的問題與挑戰。所面臨的挑戰，包括：如何培養延續經濟發展的精神動力？如何使社會成員能接受眾多便捷的資訊，又能予以彙整判斷？如何建立新的科技文化與倫理？如何使人人都有參與公共決策，主導社會發展的能力？如何使國民既有競爭力，又能在世界舞臺上扮演適當的角色？在這樣的發展趨勢下，如何培育具有新觀念、新技術、新視野的個人，並加強彼此的合作，以解決日趨嚴重的問題，已成為刻不容緩的工作。學習社會的建立，將成為延續富裕、科技、資訊、開放與開發社會的基礎。未來的社會是終身學習的社會，應無庸置疑。

4. 終身學習是自我導向的成長：美國教育學者柯洛司就認為：「終身學習的意義，就是做自我導向的成長，目的在了解自己和自己所處的世界，在於獲得新的技巧和能力，是一種對自己的投資，是一種創新事物的樂趣。」

5. 終身學習是個人的學習建構：終身學習理念快速崛起，普遍被接受，而成為教育改革和規劃訓練體系的基礎，其原因與終身教育（Lifelong Education）、回流教育（Recurrent Education）、繼續教育（Continuing Education）等名詞的廣泛使用與被普遍接受有關。而「終身教育」常常與「終身學習」相提並論。所不同的是「終身教育」由制度為出發點安排終身受教的環境，而「終身學習」則由個人學習建構的觀點出發，強調個人終其一身，對本身學習所扮演的角色。由此可知，終身教育的目標在於營造終身學習的環境，以促進個人的終身學習。教育學者何普斯（J.W.Apps）認為繼續教育是：「個人參與促進人類的發展及知識的學習活動，包含在職及進修教育。其主要關注於個人與專業發展，包括領導訓練、人事管理、財務、物資、人力資源等能力的改進。」（Peter Javis, 1985）。而以上所提到的繼續教育、在職教育以及進修教育等三個名詞，與終身學習的意義相近。終身學習體系的建立常常成為個人擬定自我發展與自我實現的計畫。

6. 終身學習是一生中有意義的學習活動：終身學習係指個體在一生中於各種生活環境，所進行一切有意義的學習活動，包括正規學習、非正規學習與非正式學習，目的在於增進個人的知識、情意、技能與能力，進而提升個人生涯發展、生活適應以及創新應變的能力。

綜合上述從終身學習的相關意涵及終身學習時代的特徵可看出，終身學習具有下列特徵：

1. 終身性：終身性是終身學習的縱向（時間）的特徵，學習係指從出生到臨終生命過程的各項學習活動，隨著年齡的增長必須學習，方能適應社會生活，促進成長，故終身都在學習已是生存發展的基本行為。只有終身性的學習才能稱為終身學習，這應該是不言而喻的。

2. 全民性：全民性是終身學習的面（空間）的特徵，在現代社會和未來社會，終身學習的環境是社會大眾所必須共同營造的，而且將逐步成為普通大眾自覺要求和自覺履行的責任，成為人們日常生活中一個不可或缺的有機組成部分和行為習慣。

3. 個別性：個別性是終身學習對於個體的具體特徵。每一個學習者都是一個非常具體的人。社會上的每一個人都扮演著各種不相同的多重角色，也有與眾不同的個性，這都會使一個人在不同時間、不同場合產生不同的學習需要。終身學習體系的重要特點，在於能夠滿足千差萬別的多樣性、分散性、個別性的學習需要。

4. 自主性：這是終身學習更深層的主體特徵。學習本是終身學習的主體，在終身學習體系下，學習目的、動機、目標的確定，學習內容的選擇，學習方法的應用，時間步驟的安排都是由學習主體決定的，而不是由教育機構自上而下安排的，也不是教育者外在強加的。

5. 意義性：學習係指經驗不斷改變，然而終身學習係指一種有意義的學習，它有增進個己在生涯能力追求自我實現、提升生活品質的涵義，而不是狹義的經驗改變而已。終身學習是在促進個體、生活或工作上不斷地學，以更新提升與創造本身的知識、技術與態度。

6. 動態性：生活的方式是多元的，且生活的知能皆有交互關係，所以終身學習係動態的歷程。換言之，終身學習不是單一式的、直線式的學習，凡與生活有關工作、有關的知能，個體透過靜態的書籍、資料或接受成熟有經驗的人傳授知識技能，或經由自己親身操作體驗學習皆是。

7. 發展性：學習在促使個體成長完成發展任務，進而從追求自我實現中，促進社會發展。生命過程中，個體所面臨的各項事物皆非一預先可控制的，故而藉由學習，去發展知覺及解決問題的能力，以創造一個圓融而有意義的人生係重要的任務，因此，終身學習的內涵意義乃在促進個體各種能力的發展。

（二）終身學習相關特徵

1996 年聯合國教科文組織報告書「學習：內在的財富」，強調繼續教育在二十一世紀中的重要性。於是終身學習對於個人生涯發展的重要性遂成為人們一致的共識。茲歸納終身學習相關特徵如下：

（一）終身學習時代來臨的特徵

我們為什麼需要終身學習呢，是因為知識半衰期的縮短、生活的需要、工作需要、休閒的需要、社交的需要等個人的需求，來適應社會環境的改變。終身學習之所以受到重視乃受以下因素的影響：

1. 現代生活的變遷：雖說變遷本身並不一定是壞的，但目前快速的變遷則呈現出二種具破壞性的影響。其一是變遷的速度遠快過個人的生命週期，個人終其一生要經歷多次的變遷，使得生活適應比以前更加困難。其二是目前的變遷是全球性的、跨愈國界的。早期的教育模式認為成人可以重複應用舊時所接受的教育，已不能適合現代變遷的需要。

2. 工作需求的變遷：技術的進展、新產品的增加，以及知識的激增，同時，有些行業被淘汰，而其他行業的基本技術則快速進展。使得最初在學校所接受的教育，可能無法協助個人應付其一生的工作。

3. 社會文化的變遷：個人若不能適應變遷，造成價值的崩潰（collapse of values）則將產生心理的危機。而終身學習被認為可協助個體滿足其社會的、情緒的與審美的需求，甚至可隨時適應快速變遷的社會。

4. 特殊群體的需求：終身教育被認為最能滿足傳統教育下弱勢團體的需求，包括低社經地位者、移民、居無定所的勞工、生理缺陷者、偏遠地區的居民，以及婦女。

5. 職業的分化：此點是由傑爾裨（Gelpi）提出的，他強調注意教育系統與生產系統的互動關係，主張透過終身教育縮短社會階級的差異。

人類當前所處的時代，儼然是一個終身學習時代。這樣的時代具有以下幾項特徵：

1. 繼續學習成為一種必要的活動。

2. 學習的型態更多元。

3. 學習的方法更多樣。

4. 學習市場明顯擴大。

5. 個人對學習負有更多的責任。

6. 學習係與生活融為一體。

7. 新學習文化儼然發展。

終身學習是一種未來學習的趨勢，而知道個人該如何學習，且培養正確學習的能力，不但能幫助我們完成人生的不同目標，也是我們一生取之不盡，用之不竭的寶藏。

（二）終身學習者的能力特質

「終身學習」的對象，是過了求學時期的人，如在職的成年人，或是退休的長者。他們或會認為自己已過了求學期，就不需學習了，其實人的一生都是求學期，而能夠終身學習的個人至少具有以下的能力特質，包括：

1. 具有終身學習的理念：能了解終身學習對個人生涯發展的重要性、能了解終身學習對於提升國家人力素質的必要性、能了解終身學習的內涵與重點、了解不同人生階段的終身學習任務、能了解終身學習的途徑與方法以及終身學習的發展趨勢。

2. 具備終身學習的人格特質：能獨立且自我導向的從事學習活動、有內控自律的學習動機、在學習中能不斷的自我反饋、能彈性的安排學習歷程、有較高的學習挫折容忍力、有較強的自我實現企圖心。

3. 具有獨立及自我學習導向的能力：有了解自我學習需求的能力、有了解及分析自我的能力（具有後設分析能力）、有獨立蒐集及運用資料的能力、具有時間管理的能力、解決學習疑難的能力、具有克服孤獨感和焦慮感的能力、具有尋求更廣泛學習資源的能力、具有與他人合作學習的能力、具有操作電腦和多元學習媒體的能力、能對於學習成就進行自我評鑑的能力。

4. 能自動參與各種形式的學習或進修活動：能自動參與增進職業知能的學習或進修活動、能自動參與提升生活知能的學習或進修活動、能自動參與促進自我成長的學習或進修活動、能自動參與重視人文與社會關懷的學習或進修活動。

　　學習並不只是單純的紙本學習，我們應在工作時學習，在空閒時也要學習，在人生的各種領域多觀察各種現象，也能在我們的腦中擦出新的火花，這不但能充實我們精神、心靈，也能為社會製造一個良好的學習氣氛，對整個社會都有幫助。

 (三) 終身學習的四大支柱

身處於資訊快速流通，日新月異的廿一世紀的社會中，為了跟上社會飛快的腳步，以及自我的成長，終身學習勢必居於未來社會的中心位置。聯合國教科文組織宣稱人類要能適應社會的變遷，必須不斷學習。

(一) 學習知 (Learning to know)：成為「資訊識讀者」

這是「認知層面」，學會找需要的資料及資訊，並向學科專家諮詢。不僅如此，還學到如何評鑑自己找答案的方法，及如何有效地運用這些諮詢。學習知，讓一個人不再成為資訊盲，而成為資訊識讀者 (information literate)。亦即在培養具資訊素養的成員；「資訊素養」是指蒐集、整理、評鑑及利用資訊的能力。最重要的精神是「專」，才不致有頭無尾。可以透過學習利用圖書館、網路資訊、社會資源以及諮詢學科專家來達成「學習知」所要學習的內容。

(二) 學習做 (Learning to do)：學習做，做中學

學習做屬於「行動層面」，在認知滿足後如何付諸行動，也就是從「做中學」，強調的是工作能力，尤其是集體工作的能力，善於處理實際複雜情境的能力。在職場或社會環境中，「學習做」不是一個人獨力操作，需有相關資深人員從旁指導，或與工作伙伴參與團隊工作。所要「學習做」的內容包括兩大項，一為以操作為主而非只靠腦力的的實用技術學習；二為轉化及應變能力的學習，知識吸收後，需要組織成合適的結構儲存於腦中，並轉化成能解決問題的智慧，同時發展成直覺的判斷，轉化成創造力，或累積為應變力。而我們則可透過模擬環境、師徒制、工作描述以及團隊工作等四個策略來進行「學習做」：

1. 環境的模擬：實境的模擬可使當事者學習如何在實習中面對問題及窘境，做出相關的決策以解決問題。並從指導人員的指導與協助，得到相關的評鑑及回饋。

2. 師徒制：一般來說技能的訓練多採用一對一師徒制的指導來進行學習。

3. 工作描述：對於組織機構各部門中每項業務的工作，都應仔細的描述，做的人才知道其工作的重要性與整體的關係，及未完成有何後果，錯誤時該如何補救等。

4. 團隊工作：現今幾乎所有重要決策都直接、間接透過團隊完成，而團隊工作要發揮最大效益，組織成員都得先學習，否則團隊工作可能反而形成阻礙。

（三）學習生活（Learning to live）：約束自己，欣賞他人

學習生活是屬於「溝通層面」，廣義的來說即為尊重多元文化，欣賞不同族群的價值觀，學習共同生活，且活得多姿多采。涵蓋的層面極廣，從個人階層、到社會階層，更擴大到國族「人我合一」，以至環境的「物我合一」境界。「學習活」應包括下列三項學習內容：

1. 學習養成優良性格：《大學》一書中提到「格物、致知、誠意、正心、修身、齊家、治國、平天下」，這是培養偉大人才的八個步驟，前五項均屬於個人修養方面，而後三項則是眾人之事的層面，而這些優良性格的培養必須從家庭開始。

2. 學習人際溝通能力：人際溝通的能力其中涵蓋語言溝通、文字溝通、肢體溝通及情意溝通。但在達到人際溝通之前必須先觀察自己、認清自己，才能知道自己所要表達的目的與內容，然後正確地、合諧地將自己的思維傳達給對方。

3. 學習培養開闊的胸襟：學習以嶄新的、開闊的、包容的角度來看自己及周遭的人、事、物。以多元的角度來思考切入，而激盪出火花。

（四）學習發展（Learning to be）：開發潛能，自我超越

學習發展這是學習社會最終的目標，是把潛能發揮出來，達到五育全面的發展。其精義在於內向反省時要敞開自己，做清楚的剖析，才能達到學習發展的目的。「學習發展」所要學習的內容有二：一為「學習開發潛能」，學習開發自己在教育制度中未被發掘的潛在能力，這是內向反省的功夫。二為「學習自我超愈」，「以創造，而不是反應的觀點，來面對自己的生活與生命」。以「創造性張力」將自己的「願景」和「現況景象」合而為一的力量，突破極限的自我實現或技巧的精熟。

過去的教育比較偏向教導學習知識，較忽略教導學習做事，對其他兩種學習也較忽視。在終身學習的社會中，四種學習的支柱均應該同等重視。為因應社會改變所帶來的種種挑戰，學習是每個人應付挑戰的良方。每個人都要進行上述四方面的學習，才能不斷因應社會的變革。終身學習社會的建立，就是給每個人學會認知、學會做事、學會相處、及學會發展的有效途徑，它是未來社會發展的願景。

終身學習的策略與環境規劃

近幾年來，網路科技不斷的發展，資訊的型態出現了不同的風貌，資訊的傳遞也顯得更為多元化。學習環境除了學校的圖書資源外，更涵蓋了各種型式的資源。未來我們所接觸的資訊型式將比學校現階段所提供的資源更多元化。學習環境中應該提供機會建立起自我學習的模式，訓練他們思考的能力、培養應有的資訊素養。而對於終身學習環境的規劃我們提出下列幾點建議：

1. 參與各種推廣活動或課程：隨著科技的進步及社會的變遷，我們可以透過參與如讀書會、展覽會、研究會等推廣活動或課程，來達到自我發展與成長，以達終身學習的機能。

2. 善用社會有機資源：各校或各地方的圖書館、各種智庫、以及網際網路等，這些不斷累積成長的社會資源，在終身學習活動所應該扮演的角色，是協助讀者自我學習與自我實現的方向，包括：採取開放管理、重視推廣活動、提供豐富資訊、強調利用指導（朱碧靜，民84）。而處於知識爆炸的環境中，另一方面又要面對新科技的衝擊，對於這些已存在且不斷累積的社會資源，廣大的學習大眾更須自己搭起學習的橋樑，配合終身學習的社會體系付出心力，讓資訊素養的知識傳授不受空間的限制。

3. 問題導向式的學習：許多學校已經漸漸由以往聽講式的教學，而轉移到以特定的問題為導向或以小組研究的方式，以學習如何利用各種學習的資源。在這種轉變的過程中，資料庫的角色則更為活躍，除了必須整理並評鑑各類資源以提供各種與特定個案相關的資源外，更必須對於各小組提供各種所需的協助，同時也必須擔任課程規劃的委員。透過這樣的學習方式，對於學生們建構終身學習的圖書館利用知識與技巧具有相當正面的意義。而在我們的生涯中，會不斷的地去發覺問題、思索及面對問題的衝擊，面著這些問題，我們可以在其他人的生活經驗中得到解決的方式，而這些寶貴生活經驗的累積，即為人脈及社會資源的累積所得來的。

4. 主動學習：在學生生涯中，我們的學習常是被動式的學生，過去傳統被動式的學習（Passive Learning），老師以課堂呈現的方式提供訊息，而學生則以聽講與記筆記的方式接收。然而進入脫離學校生活後，這種聽講式的學習方式會逐漸地從我們的生活中消失，取而代之的是主動式的學習及合作學習。而主動式的學習（Active Learning）模式則鼓勵思考與討論，其模式包括：自行閱讀與圖書館相關的書籍章節、利用自我導覽的方式（Self-Guided Walking Tour）、利用電腦系統、利用工作單的型式（Worksheet）、小組合作、討論等方式。其中以電腦系統的使用最受到歡迎。透過這樣的模式，使我們能更積極的釐清問題，建立起自己的思考模式以及對事情的態度與價值觀，而透過知識的探討，對於知識的保留與利用，更具有正面的效果。

5. 合作學習：Allen（1995）指出合作學習的模式可經由幾種不同的型態以鼓勵學生參與，包括由學生修改講課的方式（Modified Lecture）、腦力激盪（Brainstorming）、小組工作（Small-group Work）、合作計畫（Cooperative Project）、同儕教學（Peer Teaching and Partnering）與寫作（Writing）的方式以激勵學生的主動參與。以社會學習的觀點而論，社會互動是激勵我們主動參與的重要原動力。同儕互動，可以增進彼此之間對於知識的探求動機，在學習上具有正面的效果。而我們除了在學生生涯如此外，在職涯或退休後的生涯更可以透過合作學習來主動參與各項事物的進行，以及經驗的分享，進而相互扶持提攜，成為終身學習的伙伴。

6. 資訊知能與資訊素養的培養：網際網路（World Wide Web）的普遍雖然只有幾年的時間，然而已對整個社會的學習模式造成了相當的影響，也對學生的學習模式造成了相當的影響。隨著資訊與通訊科技的發達，揭開了全球教育革命的序幕。學習應用於社會的各個領域中，透過資訊與溝通科技的整合，多元媒體提供更多新學習的機會。而資訊素養的培養必須經過知識的活用化才能引發學習的興趣，促進知識與個人互動的關係。在資訊化的社會環境與個體特質要素的配合具有密不可分的情形下，我們除了必須充實學習相關資訊知能，更應有相當的相關素養來體察這個廣無邊際的虛擬世界。

7. 勇於追求新知：學習社會建立在獲得知識、更新知識及應用知識三個基礎之上。由於科技發展一日千里，造成知識生產的快速，形成知識的爆炸，使個體有學習的必要。也由於知識的迅速過時，使個人必須不斷的更新知識。據估計，專業知能的半衰期僅約為五年至七年，亦即已學得的知能，在五年至七年後就會過時一半。再次，由於社會變遷時距的縮短，知識的作用，無論是在生活、工作或個人的發展上，均比過去扮演更重要的角色，發揮更積極的功能。

   處於知識爆炸的時代，知識給人們好處，也帶給人們壓力。所謂「好處」，就是新知帶來生活的充實，使個人不斷地開發潛能，達成自我的實現。同時新知也提供人們應用於生活，提供生活的方便及行動的指引。所謂「壓力」，是指新知帶給個人的挑戰，個人必須持續充實或更新，才能免於落伍，不為社會所淘汰。因此，在資訊社會中不斷的充實知識，追求新知，已成為個人生活的方式，也是個人生存的條件。這是個人學習的原動力，也是建立終身學習社會的基礎。故終身學習社會的目標之一，在於鼓勵個人追求新知。

8. 培養國際觀及地球村知能：由於訊息傳播全球化時代的來臨，使得世界在無形中不斷縮小，天涯若比鄰的情境已成真。因此，在終身學習的社會中，每一個人都必須具備國際觀及地球村知能。在地球村的時代中，每個人都需要與其他國家的人民來往與互動，而且不同地區間資訊網路的交流與交換，已極其密切。個人要具有國際觀，才能有開闊的眼光，恢宏的氣度，也才能擔負二十一世紀新主人的責任。此外，對於國際上不同國家的認識與了解，也有迫切的需要。要達到此種目的，外語的熟練，已成為學習社會公民的基本知能。外語的學習最主要是英語，英語已成為當前國際社會的共通語言。除了英語之外，其他的外語也是該學習的語言。而且除了語言之外，新世代的社會公民也要對其他國家的文化有所了解與尊重，才能在多元文化社會中與人來往，和睦相處，這是二十一世紀教育的最終目標。培養國際觀及地球村知能，加強外語的學習，透過實地考察、參觀或旅遊學習等途徑，均為達成此一目標的有效方法。當然，成人生理在進入成熟期後，老化即已緩慢開始，但講求科學的生活方式，保持高尚的情操和樂觀豁達的胸懷，積極向上的人生態度，無疑能延緩衰老的進程。

　　對於這樣多元的環境，我們應如何自處呢？歐洲為實現終身學習提出了下列六項策略：

1. 發展學習的合作夥伴關係：夥伴關係反映了終身學習利益與責任的分擔。協調行動往往是針對各種不同情況的最佳回應，並能發揮出最大的效果。終身學習的各種策略必須彼此緊密相連，同時被所有行動者所支持。

2. 了解學習需求：對於各種公民、社區、社會以及勞動市場的學習需求的了解，是一項基本的終身學習策略。

3. 投注合理的資源：整體上的公共投資與私人投資的比例必須增加，而經費比例的增加必須建立在政府、公共機關、雇主、社會團體與公民責任分擔的基礎之上。

4. 促進學習機會的獲得：為擴展學習機會，學習的提供必須更透明、彈性、整合以及效率，同時亦須發展新的學習途徑、成果與環境。而這些策略必須重視機會的均等以及特殊團體的公平，以促使終身學習的機會更能實質的為人人所擁有。

5. 建立學習文化：學習文化的建立係根本地築基在增加學習機會、擴大參與層級以及激發學習需求之上。

6. 追求卓越：建立一種良好的機制以提升學習經驗之最佳品質。品質並不僅是一種義務，同時也是個人、雇主、以及其他人對於學習投資動機之決定因素。

　　「終身學習」是人類生活的不二法門，它是人生存的原因，是人類生活的意義，是人類對生命的肯定，也只有終生學習，才能使人類進步，因為新知識的開拓，全靠學習所引導。學習跟人生已是不可分割，它引領著我們的旅途，帶我們走到終點，使歷史的巨輪不斷轉動。

第三節　探索內心的真正需求

　　我們要活下去，維持生命的基本目標。人需要食物、溫暖、禦寒、安全、愛情、自尊和社會的支持，也需要金錢、地位、尊榮和信仰，這些都是很現實的條件。任何人都與這些生理、心理、社會信仰，脫離不了關係。想想，應該用什麼樣的態度來面對這些基本的需要和欲求？又該如何從中找尋生命的真諦？

（一）生命的真諦

　　因為我們有生命，人人都希望活得多彩多姿，有豐富心，所以努力去實現生命。但必須認清的是，生命一旦結束，所扮演的角色也結束。人要活得好，就得對自己的生涯和生活，賦予價值，而不是添加自己的享受，享受多了，就形成依賴，就需要更多的享受，更不能逃避痛苦，逃避一旦成習，就會變得空虛。你需要以全新的智慧去面對這有苦有樂的人生。

（一）生命的意義

　　生命的本身，伴著與生俱來的動力，那就是「活著」，而且要活得有意義。正因為如此，生命的活動與表現，總離不開目標。人想要活得好，就得了解自己的目標，透過目標來表現價值，得到滿足與喜悅。這就是生命的最高表現與智慧。

　　每個人的生涯都有絢爛的價值。它是特殊的、個別的，不能拿來跟別人比較，比較會令人失去承擔的勇氣和歡喜。在不同的價值領域裡，存在著自己際遇的嶄新價值。生之於此，得之於彼，仔細去領會，必有一番新發現，禪家所謂「從垃圾堆中找到了明珠」是真實的。人生不因財富、地位、學歷的差別而影響生命的歡喜。不歡喜的心情源自比較，放下比較的心態，去為生命歡呼，窮困之人一樣有歡笑。

　　人生是一個學習與智慧的歷程，它的關鍵不在於你擁有什麼，而是你的心靈變成了什麼。在這短短的生命歷程中，你是什麼，擁有什麼，這些並不重要。真正重要的是自己的心是否從不安、敵意、卑怯和無知中解脫出來，步向悲智雙運的生活之路。因為在這條路上行走的人，必然得到生命的真諦，生命獲得實現、喜樂和幸福。

（二）人生的四大祕密

　　沒有人不願意自己有更美好的生活，但是不一定有足夠的智慧來經營自己的生活，生活是可以變得愈來愈好的，只要我們不斷地提升自己的能力。能力是用來幫助自己以及幫助別人的，不是用來炫耀、更不是用來傷害別人的，傷害了別人自己也不會快樂，不快樂的生活就不是美好的生活，美好的生活一定是快樂的，所以提升智慧、提升能力、追求快樂就是生命的真諦。生命就是要以智慧獲取快樂，以能力創造生活。

1. 愛的祕密：多少人渴求愛情卻追尋不著，多少人在無味孤寂的婚姻或關係中絕望，難道得到愛是這麼困難嗎？真愛真的只是幸運才會遇到的嗎？但其實愛是創造出來的。

2. 快樂的祕密：人生在世所追求的一切，其實都只是希望獲得快樂。那麼為什麼認為自己快樂的人這麼少呢？其實快樂是可以選擇的，快樂來自「絕對樂觀」的心態，一個人即使處於不幸的遭遇之中，仍可選擇「正面」的看法而保持快樂。要體驗快樂，只要改變態度即可。快樂最大的祕密就是培養「感激」的態度。

3. 健康的祕密：健康應該是一個人最珍貴的財產，但人們卻總是把它視為理所當然而忽略。許多人照顧他們的車子遠比照顧自己的身體來得細心。擁有健康的人沒有感覺到它的存在；而失去健康的人則來不及或必須費力挽回。就像黑夜帶來光明，生病和痛苦也經常為未來帶來更大的喜悅，透過病痛，我們得到的是一份禮物，就是了解健康的可貴和對追求健康的執著。健康而充滿活力的生活，並不見得是那麼難以達成。

4. 財富的祕密：財富的定義是，不只是你銀行帳戶有多大，或你擁有多少有價值的財產，而是指你能多愜意地以自己的方式過著自己想要的生活。這樣的定義下，我們其實是有力量去獲得財富的。這是因為財富不是有形的計算數字，而其實是一種生活品質的程度，或是我們企求得到的任何事物。

（三）尋找生命的重心

人活著就是要追求成功與實現，如何找到著力點，讓自己獲得成功，得到生命的實現，正是每個人努力的目標。而為了活得有目的、有意義，在基本生活的需求之外，必須去實現其個別的人生價值，才能避免人生的挫敗和保持精神生活的平衡。試著在生活中的各項事物找到不同的著力點，並尋找生命的重心。

我們必須透過抉擇來實現願望。正確的抉擇，是良好心智的表現，能為生活打開新機，開展新局。抉擇就是一個人的「命運」，連續的抉擇，構成了一個人的「命運曲線」。所以我們的一生即活在不斷的抉擇與改變之中，抉擇與改變的動力來自人的基本慾望，做得適當，就活得幸福，調適得好，人生就容易成功。

人想要活得有價值、有活力、維持良好的情緒和身心健康，就得勇於面對現實，為自己的目標作抉擇。抉擇就要改變，今天的改變，是明天要承受的生活，你想過什麼生活，就得做怎樣的抉擇和改變。抉擇有兩個向度如下：

1. 決定「要做什麼」：生涯目標和工作決策，讓自己從創造的行動中感受到生活的實現與充實。每個人都要有自己的「生涯目標」，才活得充實和振作，活得有意義、有價值。生涯不只是工作，而是融合了工作和生活，透過實踐去回答自己的人生意義。決定生涯目標之前，要充分了解自己的性向；人若朝著性向相近的方向去發展，就會信心十足，也容易得心應手。

2. 決定「不做什麼」：決定不做什麼，或許你會因為一些外在因素比較難去做一番決定。但為了自己的健康及良好成長環境，我們應當機立斷，立即決定實行的要事。

人生就好像在玩拼字遊戲，我們努力尋找一個字，有時拼對，有時拼錯。我們為了生命做一連串的決定來實現我們的夢想。但是，夢想必須切合實際，要從現實延伸到理想，從現在發展出到未來，從手頭現有的創造出夢想要實現的，才是正確的「築夢」和「逐夢」之道。正因為有希望和目標，一個人才心甘情願接受挑戰，承受任何苦難。生命的歷程，沒有目標就無法活得美好，就缺乏創造幸福的勇氣。生命如果不是為了創造有價值的活動，就會失去它的光彩。

為生活留白

　　試著留點時間充實自己的精神力量，或許會覺得留點時間給自己很困難，更或者當覺得突然停下忙碌的一切，卻不知道如何做。我們所要做的就是停下你的腳步，好好的寵幸一下自己，看個書、散散步、望望天空或乾脆什麼也不做，試著把自己放空，就像繪製一幅國畫，讓「留白」在你的生活中產生另一個無限的空間。在緊湊的行程中放慢你的節奏，感受一下微風的流動，放鬆自己，舒解身心累積的壓力。

（一）保持生活的彈性

　　要能真正主宰自己的生活，在於去發現維持生活平衡的方法與智慧。想要達成這個目標，前提是必須要有期限、有計畫性地把生活重心放在某個生活領域，一段時間後，再逐漸把生活調整得平衡。然而，如果長期持續地把重心放在某個領域，那勢將不堪忍受壓力，於是很可能在健康上亮起紅燈。而且，可千萬別小看日常生活中每個看似不起眼的習慣與決定，它很可能讓我們的生活不是過得更好，就是失去平衡。故在找尋、調整適合自己的生活節奏時，有七項基本原則值得參考：

1. 如果不做適當休息，身體會發生病痛：做好適當的休息，才有精神去欣賞周圍環境事物的美好，發現生命之美。

2. 所有事物都有它的節奏：所有事物的節奏，或快或慢，需要不定期進行調整。面對生活，必須去察覺、判斷調整節奏的時機，時機成熟了，我們才可能去做出比較不會後悔的決定。

3. 想要達成目標，就需付出許多時間和精力：如果想要塑造人生的願景，同樣需要付出時間。這是一種自我覺醒，以及把內心想法具體化的過程。因此，需要花很多時間去探索自己，一直進行到某一天，終於清楚知道「什麼才是我真正想要的」為止。

4. 我們投入目標的時間精力多寡，決定最後呈現的品質：「一分耕耘一分收獲」，在同樣的學習時間裡，付出幾分精力，就會有幾分結果。

5. 處在不斷變化的環境中，仍要確保生活的平衡和諧：想要維持生活平衡不是很容易，因為生活不可能永遠順利，為了對心中真正感到重要的事情去進行改變，不太可能一瞬間馬上收效。因此，改變之初，不宜太苛求自己做大幅度改變，以避免生活變動過於劇烈，導致生活傾斜、造成崩潰。

6. 面對巨大挑戰，訂定階段性目標去克服達成。乍看之下很巨大、好像沒辦法達成的挑戰，應該試著分解成一連串小型階段計畫、目標進行。如此一來，我們才不會覺得無從下手，或是還沒做就感到壓力沉重。只要整體目標是很清晰的，然後透過適當的規畫去處理任務挑戰，一步步循序漸進，最後我們還是會有自我完成的成就感。

7. 在緊湊和鬆弛的社會步調之間，發現自己專屬的節奏：在盡力安排自己生活的同時，也要記得，倘若不讓自己好好休息，可能會讓身體發生慢性病痛。所以，應該讓生活步調有緊湊有鬆弛，才不會讓生活願景變得疲乏、失去焦點。而所謂好好休息，是指平日應該擁有規律、充足的睡眠，以及不定期讓自己放鬆、發呆、偷懶一下，甚至短期度假都行。

要達到生活平衡的狀態，不在於我們分配了多少時間、數量在每個領域上，而是在於「品質」，在於我們是否發自內心、用心去生活。因此，應該學習去判斷，那些加諸在身上的要求是可以取捨，不需一一做到的。

（二）與習慣搏鬥

心理學家相信，「心理上的老化開始於嬰兒期。」意思是我們在長大的過程中，對於恆久的外在刺激會形成漸減的反應行為，這個過程就是「習慣化」。

「習慣化」是指對一項重複性的刺激，例如：滴答滴答響的時鐘、或是公寓中上樓的腳步聲。最初，這些聲音很困擾我們，有一天我們發現對那個聲音已經習慣到它們幾乎不存在一樣。「習慣化」是指我們意識活動的減縮，例如：生命中一般的刺激、小小的喜悅和享樂，因為不斷重複而漸漸地失去它們的趣味。這個作用可稱之為「心理上的調降閥」，它對於要應付每日生活的我們是很重要的。沒有它我們將會因為成千種不相干的景象而分心，每個片刻我們的各種感官將會因為不斷地被撞擊而幾近發狂。最初，我們周遭的一切事物是那麼地光亮、鮮活和充滿生命力。當時光流逝，我們對於這些刺激的立即性反應就漸漸消退。甚至到最後，我們對它們的美麗已無動於衷，因為我們自己已變得很僵化、硬化。我們之所以會在旅行時，或在不尋常的情境中感到比較敏感、有活力，原因在於新的情境經常會鬆掉舊習慣的作用力。

我們在生命中為什麼要花那麼多時間尋找新鮮的經驗，潛意識地，我們是在為自己找藥方來對抗習慣性的形成。當然，習慣性的形成對生命很重要，它

讓我們可以避免不用去回應任何迎面而來，會刺激到感官功能的片段資訊，讓我們免除過度的感官負荷；然而它卻也讓我們提早老化，導致人們行事變得一成不變。

就深層的意義而言，習慣化的形成並不只是長期沉溺於例行事物和常規中。在更深的層面上，它剛好和「全神貫注」—— 靈性生活的支柱，是完全相反的作用力。

對於長時間坐在辦公室當中的上班族來說，處於與日常不同的環境，愈能夠將新想法帶回到職場，往往具有啟發意義。但臺灣是不是有足夠勇敢的員工，勇於利用這樣的機會，去實現自己的夢想，讓工作變成接近夢想的渦輪推進機，而非絆腳石。

（三）休閒活動

適量就是美，休閒生活對於一個人的工作生涯也正是如此。常工作時，全心全意投入，將自己本位內的職責做到最好，然而，在工作之餘，也別忘了留給自己生活輕鬆的時間。亞里士多德曾說過：「非在一種自由選擇、自我滿足的心態下，從事一種並無特殊目的、也不感到勞累的活動，即屬休閒。」美國學者凱利（Kelley）根據目的，將休閒活動分為四類：

1. 無目的的休閒活動：心理上感覺輕鬆和自由，沒有義務和責任。是解放，也是純然忘懷的享受。在銀行工作的吳小姐說：「全世界最煩人的，就是人和錢。我每天上班面對的也都是這兩樣東西。所以，每年出國自助旅行是我最大的享受，甚至是生命動力的泉源。」

2. 補償性、恢復性的休閒：在工作中所失落的，透過休閒來滿足。心理學家發現，自我實現、贏得自尊是每個人所追求的，但在工作方面能滿足的人是少之又少，所以有些人到生命線、醫院、寺廟擔任義工，實現生命的意義和價值。同樣的，也有很多工程師，下班後第一件事是到網球場報到，打打球，舒展筋骨，排解情緒，這也是個好方法。

3. 人際式、情感式的休閒：這是為了維繫家人、朋友、同事間的情感，所積極從事的活動。李先生是一家模具工廠的負責人，假日最典型的休閒活動就是和親友們打高爾夫球。他說這是他的運動，也是他的社交生活。此類的休閒方式，常常是「人在江湖，身不由己。」

4. 角色義務式的休閒：此種休閒是責任的延伸，但也期望達到情感連繫的目的。比方說：「內在美」的父親，休假到美國渡假並探望親人，春節期間回南部老家吃團圓飯，中秋節帶全家一起到郊外吃月餅賞月。其他像公司聚餐、員工旅遊，亦屬於角色義務式的休閒。

「休息是為了走更長遠的路」。沒有休閒的生活是枯燥的。但是，分身乏術的現代人時間常常不夠用，一個人要扮演多重角色（家長、工作者、學習者等），最後才是休閒的角色。如何安排休閒生活，讓不渡假、很少渡假、沒時間渡假，或隨便渡假的人，擁有適度的、精緻的休閒呢？你不妨試著用 PLAY 的四個要訣 Plan、Leisure、Art、Youth 來安排評估你的休閒生活，讓你的休閒活動玩的更快樂：

1. Plan ——計畫：休閒生活要依照自己擁有的時間、金錢與健康這三要素來決定，你是否有的時間長短、預算的多寡、身體健康的好壞，都會影響你的休閒生活的安排、內容或品質。

   針對上班族而言，休閒渡假之前工作的安排與行前計畫非常重要，最好得事先進行相關規劃，做好相關的聯絡及準備，別讓工作業務及家庭瑣事成為你休閒時的心頭重擔，而完全失去休閒的意義。

2. Leisure ——空間：由此可見休閒是將心裏被工作、生活所占滿的壓力掏空出來，讓自己處於空間、輕鬆的狀態。休閒不一定要出國，如果出國旅行是體力與金錢的雙重負擔，那麼到鄉間小路走一走，種花蒔草，怡情養性，讓心情處於閒適、安怡的狀態，反而更好。

3. Art ——藝術：休閒生活的安排也可以是一門藝術。渡假可以是多元化、多方向的。比方說，對藝術有興趣，參加博物館之旅與藝術研習，將可達到研習與休閒雙重目的。更有生物老師參加賞鳥自助旅行，對自己是休閒，對教學而言是進修，一舉數得，收穫豐富。

4. Youth ——青春：保持青春活力與對新事物源源不斷的好奇之心，避免以批判的態度看待不同的人、事、物，可以增加旅遊樂趣。「勇於打破熟悉的生活，什麼都不妨試試」，可以玩得最盡興、最投入。

　　遊戲、娛樂、假期人人有，但不是人人會渡假。休閒生活的安排端賴於個人生活方式的選擇。如果把所有事情的優先順序都擺在休閒前面，那麼時間不夠用，休閒活動也排不進來了。休閒不是經濟性活動，無法帶來物質的收獲，但往往能帶來意想不到的樂趣。

三　選擇操之在我

　　在我們的生活中充滿了喜、怒、哀、樂各種不同的滋味，有時甜如蜜，有時卻苦如藥，以微笑面對是一生，以愁容面對也是過一生，你選擇用什麼樣的心情來面對生命中的大小事呢？

（一）你快樂嗎？

　　你快樂嗎？你為什麼不快樂？我們不快樂的產生原因，大多是來自於拿自己和別人比較，有時是自視過高，無法忍受挫折或非預期的結果，有時則是妄自菲薄，不懂得欣賞自己，而造成了自己不快樂的心理狀況。

　　快樂的最大障礙是以自我為中心，腦中只有自己生活的狹小世界。我稱這種人為自戀狂，愛自己太多，而不能忍受遭遇挫折。這種人非常寂寞，而助長自戀情緒的原因是過於自負。

　　人們不快樂的最主要原因是自憐。有些自憐者會激進地嫉妒別人所擁有的一切，希望像別人一樣，卻不懂得欣賞自己，不知道自己有什麼天分。而另一種則剛好相反，始終將自己沉浸在消極的情緒中，以自憐為樂。他們會吶喊：「沒有人比我更倒霉了！」他們以為自己是世界上唯一受苦的人。由於自憐，我們完全無心採取任何行動讓自己快樂。自憐的人把自己當成受害者：親友讓他失望，別人不像他想像的那樣愛。事實上，人生中的許多變化，都不是我們所能控制的。當我們感覺自己遭到排斥時，應該記住：別人的一切作為都是為他們自己，而不是為我們。

　　人要活在自己的價值中，不要活在別人的價值中，寧可讓少數有智慧的人看得起自己，也不要讓多數充滿欲望的人虛榮你。當我們自己智慧提升了以後我們才會知道原來周圍本來就有很多有智慧的人，想到自己過去的幼稚，豈不驚心動魄。

我們在成長的過程中，經常以負面或消極的態度面對事實，而這態度就是造成我們不快樂的原因，例如：凡事做最壞的打算，覺得這樣才比較不會使自己失望。但是，如果你總是期待最糟的，你就可能常常碰到最糟的，而錯過了那些還不錯的。

不快樂是因為我們要求擁有不可能擁有的東西，一但無法得到，我們就不快樂了，智慧就是我們要追求那些一定可以獲得的東西，得到了我們就快樂。智慧就是準確地知道我們要做的事情都是為了我們自己的需要而做，做了就是有所得，而不是還要得到別人的回報才是有所得，於是在每一次做事情的時候，我們就已經沉浸在快樂的氣氛中了。有智慧的人就是不斷地做自己願意做的事情，不斷地有事情可以做，不斷地在做事情當中汲取自己的快樂，自己就是自己快樂的泉源，而不是別人的感恩。

能夠讓自己快樂這就是能力，能力是要用來創造自己的生活，所以培養能力是自己每天的功課，每天都在培養能力，每天都有有能力做的事情，每天都有事情可以做，每天都有真正的生活，這個生命當然是有意義的生命。

（二）學會放手

我們從來不曾真正了解到，一塊小小的土地無法供給成長無限的需要，就如同一個人不可能做盡所有的事、成就所有的事物，然後同時又期待要培育內在的生命。對很多人而言，累積和蒐集，事實上是因為年紀增長而想要留住生命的一個象徵。我們有很多人也在我們內心的世界累積了相當多的蒐集物——心理上的垃圾和情緒上的芝麻小事。我們的儲藏物中有過時的態度、不合宜的行為、不合理的期待，及對自我不可能的要求。

有時人很難對自己好一點，放棄深植於心的負面想法，或是太在乎別人的想法，害怕遭到拒絕或感到罪惡。不要陷入這樣的負面想法，你不妨嚐試下列幾個方法來學會放下：

1. 告訴自己說「我不在乎」。

2. 脫下手錶。

3. 放鬆自己，不要去想「該做」什麼。

4. 留點時間給自己的靈魂，一步一步慢慢走。

5. 積極肯定，不要對自己太嚴苛。

6. 不要煩惱，不要拖延，現在就做，今天就做。

7. 列出優先順序，在忙碌的生活中擠出一點留給自己的時間。

8. 寬恕與遺忘。拋開你的怨恨，寬恕會把它們從你的軌道上移開。

　　在忙碌生命中的某些階段，我們必須界定出有哪些事情是重要的，然後把不重要的部分修剪掉。伏爾泰寫道：「耕耘我們的花園。」我們一定要先讓自己「空」到有足夠的空間來接受它。就如同電影臥虎藏龍裡的一句話：「把手握緊，裡面什麼也沒有；把手放開，你得到的是一切！」

（三）用笑臉開拓人生

　　在充滿明亮、歡樂及朝氣的地方，才是好運會出現的地方。雖然不可思議，不過仔細想想，的確是如此。開朗的人、笑臉不斷的人，充滿朝氣的人身邊，總是會聚集相當多的人氣。反之，灰暗及陰沉的地方，只會剩下不幸。所以用笑臉開拓人生，的確具有它的正面意義。或許你可以嘗試下列幾點方式來擺脫心中的陰霾，以笑臉開拓人生：

1. 勇於嘗試，突破現狀：每個人都有多種天賦，四周充滿許多有趣的事。只是我們常常沿襲舊習，過老套生活，因而容易厭倦。一旦厭倦，便覺得一切都無趣味。該做些不同的事，開拓新的視野，例如：花點時間去欣賞花園裡的花朵。不斷嘗試新鮮事物，會發現外面有一個世界也不斷向我們傾訴。有些人關閉了心靈，便看不到周圍的美了。

2. 原諒自己，肯定自我：成熟的人愛自己，肯定自己、原諒自己。愛自己的意思是全盤接受自己，因為上帝把你造成這樣，就是希望你維持原狀。肯定自己的意思是不要去學別人的樣，因為那會把別人的短處也學了下來。原諒自己的意思是了解自己其實沒那麼重要，犯了錯仍然可以活下去。

3. 努力向上，發揮潛力：不成熟的人指望凡事一蹴可及。優秀的鋼琴手每天練習八小時，溜冰名將每天穿著冰鞋六小時。若不是經過嚴格的紀律和辛苦的工作，怎能成功？天下沒有不勞而獲的人，我們能真正得到的，都是以汗水換來的，沒有僥倖，要發揮潛力。很多事情我們能夠做也願意做，只因害怕犯錯而不敢嘗試。我們很多人都認為，若不能做到十全十美，就不敢冒險，不敢嘗試。

4. 放寬心胸，關心他人：生命中是有痛苦，而我們也都經歷過挫折。但是這些痛苦，大都是由於我們不會安排生活所造成的。我們應該靜下來思索：「我為什麼生氣？為什麼寂寞？為什麼嫉妒？」受苦是一種很好的學習經驗，學習如何應付痛苦，因而成長。

　　我們一直不快樂，是因為我們總責怪別人讓我們處境悲慘，而把希望寄託在別人的改變。像這樣不思振作，結果便犧牲了自己。要快樂的話，別只專注於自己，關心一下別人吧！

5. 服務他人，行善最樂：我們都擁有一種最偉大的力量，那便是愛。愛是一種選擇、一種決定，我們決定別人和我們同等重要，願意為他們的快樂、成長和安全盡一份心力。在我們的生活中，常會把別人的友善視為理所當然，也是自己應得的，所以只會要求對方付出，而不反求諸己。人際關係最重要的準則是「對別人心存感激，別人會對你付出更多；輕忽別人，別人也輕忽你。」人類並不是照他想像的方法生活，而是照他生活的方式思想。當你開始為別人服務，把微笑掛在臉上，會得到積極的回報。別人會說你在做善事，於是你會比較喜歡自己。

　　我們為一些已經無能為力的事感到後悔，事實上只是在浪費精力。有些事就算是你認為很糟糕，也必須放手，然後繼續前進。我們必須學會寬恕自己。

　　我們無法真正掌握塑造我們生命歷程中的種種力量，我們真正可以選擇的是，用何種方式面對生命中的各種情境。是要奮鬥，打一場頭腦和心的好戰，還是不要奮鬥，讓事情維持原狀。

　　藉由活在此刻，我們修補了過去，也替未來做了準備。最重要的是，培育了注意和全神貫注的能力。捨棄必須放掉的一切，修剪掉該刪除的部分，繼續為美好的德行努力，而這個抉擇就操在我們每個人自己的手上。生活的祕訣是啟開心靈的眼睛。生命是不斷適應的過程，在這過程中，我們找到了自己。

本章摘要

1. 退休（retirement）可意謂著離開工作場所，長期休息之意。或意謂著正式工作的結束與全新生活角色的開始，包括對行為的期待與對自我的重新定義。

2. 退休生涯規劃之重要性是可避免「退休震盪」的發生、達成「成功的老化」以及肯定老年生命的價值。

3. 退休生涯規劃的重點事項如下：做好死亡的準備、健康風險的轉移、退休理財的規劃、生活重心的轉移。

4. 世界正由經濟成長的價值，轉為生活價值，亦即從「生存」價值轉向「自我表達」的價值。

5. 終身學習的意義，就是做自我導向的成長，目的在了解自己和自己所處的世界，在於獲得新的技巧和能力，是一種對自己的投資，也是一種創新事物的樂趣（Cross,1981）。

6. 終身學習係指個體在一生中於各種生活環境，所進行一切有意義的學習活動，包括正規學習、非正規學習與非正式學習，目的在於增進個人的知識、情意、技能與能力，進而提升個人生涯發展、生活適應以及創新應變的能力。

7. 終身學習具有下列特徵：終身性、全民性、個別性、自主性、意義性、動態性。

8. 「終身學習」的對象，如在職的成年人，或是退休的長者。其至少具有以下的能力特質：具有終身學習的理念、具備終身學習的人格特質、具有獨立及自我學習導向的能力、能自動參與各種形式的學習或進修活動。

9. 終身學習的四大支柱：學習知（Learning to know）、學習做（Learning to do）、學習活（Learning to live）、學習發展（Learning to be）。

10. 人一生追求的，不外就是愛、快樂、健康與財富。

11. 心理學家相信：「心理上的老化開始於嬰兒期。」意思是我們在長大的過程中，對於恆久的外在刺激會形成漸減的反應行為，這個過程就是「習慣化」。

12. 關於休閒生活的安排，我們可用 PLAY 的四個要訣來評估你的休閒生活，即「計畫 Plan」、「空閒 Leisure」、「藝術 Art」、「青春 Young」。

本章問題與討論

1. 對於退休生涯規劃，你打算過什麼型態的退休生活呢？你離退休還有多遠？ 你打算如何準備呢？ 距離目標還有多遠？

2. 你喜歡什麼樣的休閒活動呢？請試著用 PLAY 的「計畫 Plan」、「空閒 Leisure」、「藝術 Art」、「青春 Young」四要訣來評估你的休閒生活。

3. 在這樣不斷精益的終身學習社會，請試著擬定出你的終身學習生涯策略。

4. 在一成不變的生活中，你以何種創意點子豐富你的人生呢？

5. 請簡述人生的四大祕密（愛、健康、財富、快樂）對你的意義，而你又將以何種方式來提升或維持你人生的四大祕密呢？

筆記頁

國家圖書館出版品預行編目資料

生涯規劃與管理／吳思達編著 ‧－－五版‧－－
　新北市：全華圖書，　2020.6
　　面　；　　公分
　　ISBN 978-986-503-433-7（平裝）

　1.生涯規劃　2.職業輔導
192.1　　　　　　　　　　　　　109008279

生涯規劃與管理

作　　　者：吳思達

執 行 編 輯：田悅庭

封 面 設 計：戴巧耘

發 行 人：陳本源

出 版 社：全華圖書股份有限公司

郵 政 帳 號：0100836-1號

印 刷 者：宏懋打字印刷股份有限公司

圖 書 編 號：0905704

五 版 一 刷：2020年6月

定　　　價：330元

Ｉ Ｓ Ｂ Ｎ：978-986-503-433-7（平裝）

全華圖書 / www.chwa.com.tw
全華網路書店 Open Tech / www.opentech.com.tw
若您對書籍內容、排版印刷有任何問題，歡迎來信指導book@chwa.com.tw

臺北總公司（北區營業處）
地址：23671新北市土城區忠義路21號
電話：(02) 2262-5666
傳真：(02) 6637-3695、6637-3696

南區營業處
地址：80769高雄市三民區應安街12號
電話：(07) 381-1377
傳真：(07) 862-5562

中區營業處
地址：40256臺中市南區樹義一巷26號
電話：(04) 2261-8485
傳真：(04) 3600-9806

歡迎加入 全華會員

● 會員獨享

會員享購書折扣、紅利積點、生日禮金、不定期優惠活動…等。

● 如何加入會員

填妥讀者回函卡直接傳真 (02) 2262-0900 或寄回，將由專人協助登入會員資料，待收到 E-MAIL 通知後即可成為會員。

如何購買 全華書籍

1. 網路購書

全華網路書店「http://www.opentech.com.tw」，加入會員購書更便利，並享有紅利積點回饋等各式優惠。

2. 全華門市、全省書局

歡迎至全華門市 (新北市土城區忠義路21號) 或全省各大書局、連鎖書店選購。

3. 來電訂購

(1) 訂購專線：(02) 2262-5666 轉 321-324
(2) 傳真專線：(02) 6637-3696
(3) 郵局劃撥（帳號：0100836-1 戶名：全華圖書股份有限公司）

※ 購書未滿一千元者，酌收運費 70 元。

全華網路書店 www.opentech.com.tw
E-mail: service@chwa.com.tw

※ 本會員制如有變更則以最新修訂制度為準，造成不便請見諒。

　　每個角色年齡起止依個人認定，顏色塗的愈濃愈重表示對角色投入的程度愈深。

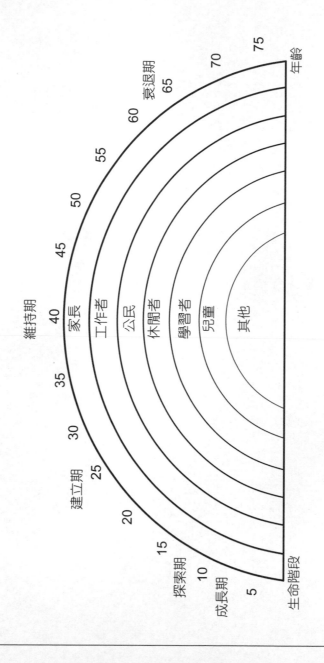

　　怎樣使自己的生活過得更好，如何更加科學、合理的安排個人生活方式，涉及到一系列的實踐問題。如果僅理解低層次的生活資料、消費方式，而隨著生活節奏的加快，你的生活方式能適應這種改變嗎？（摘錄自齊麗，民 91，認識自己 700 題，臺北市：新潮社）

（　　）1. 你對明天上班所需的東西，如工具、衣服、機車、鑰匙等是怎樣準備的？
A.當天晚上一一準備好。
B.家中所有的東西，放的井井有條，隨時即可拿取。
C.每天要用很多時間去找。

（　　）2. 如果你打算明天早點起床，你會怎樣做？
A.預先上好鬧鐘。
B.請家人喊醒。
C.相信自己時間到了能自己醒。

（　　）3. 你早上醒來以後，總是……
A.從容起床。
B.立即跳下床，開始工作。
C.估計時間還來得及，在被窩舒服一下！

（　　）4. 你的早餐是怎樣安排？
A.有稀、有乾。
B.不管冷、熱、乾、稀，吃幾口就走。
C.因時間來不及，下一頓再補。

（　　）5. 你動身上班的時間是如何掌握的？
A.提前一點時間到達。
B.不快、不慢，準時到達。
C.慌慌張張，有時遲到。

（　　）6. 不管任務多重，工作多忙，你也能和你的同事開開玩笑、說說笑話嗎？

A. 有時候如此。

B. 每天都如此。

C. 很少這樣做。

（　　）7. 如果對某一問題的認知和朋友、同事出現分歧，你會如何解決？

A. 堅持己見，爭論不休。

B. 你認為沒必要爭論而免開尊口。

C. 表明自己的觀點，但不在爭論。

（　　）8. 你的業餘時間和年節假日是如何度過的？

A. 不事先做打算，任憑即興想法度過。

B. 事先有安排。

C. 以上皆是。

（　　）9. 你如何安排每天晚上就寢的時間？

A. 憑自己的興趣。

B. 把事情做完之後。

C. 大體在同一時間。

（　　）10. 你對文化體育活動，抱持著什麼樣的態度？

A. 不感興趣，從不沾邊。

B. 只是以一個旁觀者的身分參加。

C. 只要有可能，從不放過。

（　　）11. 假如自己的身體出現不適或重病時，你會如何處理？

A. 不當一回事，挺不住再看醫師。

B. 自己隨便找些成藥，隨便服用。

C. 趕緊看醫生，了解病情，及時治療。

（　　）12. 接待來訪客人、會見朋友，對你來說意味著……。

A. 增加不快和煩惱。

B. 浪費時間。

C. 增進了解，活躍生活。

＊詳解請見電子檔投影片

大家來找碴

　　以三人為小組做觀察對象，先簽訂生涯規劃合約書實行一段時間，再彼此從過程發現被觀察者的改變。

　　　　　　　　　　　生涯規劃合約書

　　我＿＿＿＿＿＿＿＿確實同意自＿＿＿＿年＿＿＿＿月＿＿＿＿日到＿＿＿＿年＿＿＿＿月＿＿＿＿日澈底執行生涯路徑生涯規劃，在過程中將以無比信心、耐心和毅力貫徹這個路徑，並且忠實的實行一段時間，再評估成果。

　　我在此要求以下簽署的見證人，支持並鼓勵本人完成生涯規劃活動。

立約人：＿＿＿＿＿＿＿＿＿＿＿＿＿＿＿＿＿＿＿＿＿＿＿

日　期：＿＿＿＿＿＿＿＿＿＿＿＿＿＿＿＿＿＿＿＿＿＿＿

見證人：＿＿＿＿＿＿＿＿＿＿＿＿＿＿＿＿＿＿＿＿＿＿＿

見證人：＿＿＿＿＿＿＿＿＿＿＿＿＿＿＿＿＿＿＿＿＿＿＿

學號：＿＿＿＿＿＿＿＿　　　姓名：＿＿＿＿＿＿＿＿

我看見生涯規劃對＿＿＿＿＿＿＿＿＿＿帶來的影響。

_____

_____

_____

_____

_____

_____

_____

_____

_____

_____

_____

_____

_____

_____

_____

_____

_____

生涯訪談

　　請訪談一位你認為具有生涯成就事蹟的人（教師具有教學成就事蹟、父母養育子女成就事蹟、領導者職業成就事蹟、社會公益者促使社會進步成就事蹟等），了解訪談者如何訂定自己的生涯規劃。

訪談人物：＿＿＿＿＿＿＿＿＿＿＿＿＿＿＿＿＿＿＿＿

生涯成就事蹟：＿＿＿＿＿＿＿＿＿＿＿＿＿＿＿＿＿

＿＿＿＿＿＿＿＿＿＿＿＿＿＿＿＿＿＿＿＿＿＿＿＿

＿＿＿＿＿＿＿＿＿＿＿＿＿＿＿＿＿＿＿＿＿＿＿＿

如何訂定生涯規劃：＿＿＿＿＿＿＿＿＿＿＿＿＿＿＿

＿＿＿＿＿＿＿＿＿＿＿＿＿＿＿＿＿＿＿＿＿＿＿＿

＿＿＿＿＿＿＿＿＿＿＿＿＿＿＿＿＿＿＿＿＿＿＿＿

＿＿＿＿＿＿＿＿＿＿＿＿＿＿＿＿＿＿＿＿＿＿＿＿

＿＿＿＿＿＿＿＿＿＿＿＿＿＿＿＿＿＿＿＿＿＿＿＿

＿＿＿＿＿＿＿＿＿＿＿＿＿＿＿＿＿＿＿＿＿＿＿＿

＿＿＿＿＿＿＿＿＿＿＿＿＿＿＿＿＿＿＿＿＿＿＿＿

＿＿＿＿＿＿＿＿＿＿＿＿＿＿＿＿＿＿＿＿＿＿＿＿

＿＿＿＿＿＿＿＿＿＿＿＿＿＿＿＿＿＿＿＿＿＿＿＿

＿＿＿＿＿＿＿＿＿＿＿＿＿＿＿＿＿＿＿＿＿＿＿＿

學號：＿＿＿＿＿＿　　姓名：＿＿＿＿＿＿＿＿

生涯花朵

請使用下圖填寫未來一年內計畫要做的事，並與成員分享聽取意見。

興趣：

需求：

應該做：

姓名：＿＿＿＿
年齡：＿＿＿＿
未來計畫：
＿＿＿＿＿＿
＿＿＿＿＿＿

工作價值：

能夠做：

可以做：

建議：

發現：

　　請您回想看看，您的同事（同學）或朋友是否有一些行為傾向幾乎是大家都知道的嗎？以下舉出一些例子，當您讀這些例子時，可以在腦中思索在同一個工作場合中，有哪些人符合例子所描述的特徵。你可以在空格裡填上符合者的名字。

_____ 上班（上學）都很準時

_____ 幾乎每次都遲到

_____ 幾乎總是一絲不苟

_____ 常取悅別人

_____ 不管發生什麼事都有藉口

　　接著請選擇一位組員回想看看，在空格裡填上有哪些行為傾向，是屬於四種人際風格的一種。

姓名：_____

都很：_____

幾乎每次：_____

幾乎總是：_____

常：_____

不管發生什麼事都：_____

人際風格：_____型

你是否在與人對話出現下列語句，如果有請在空格裡打勾。

（　　）1. 我不知道為什麼是這樣……

（　　）2. 我就知道不行……

（　　）3. 誰做的……

（　　）4. 這個主意行不通……

（　　）5. 等一下你再說……

（　　）6. 好像不行……

（　　）7. 這太奇怪……

（　　）8. 我一直都這樣做從來沒問題……

（　　）9. 這又不是我的問題……

（　　）10.這樣做沒有結果……

（　　）11.真是神經病……

（　　）12.你根本不懂我教你……

（　　）13.如果可以你早做了……

（　　）14.這很重要嗎？有值得付出……

（　　）15.我才不跟你一起瘋……

勾勾打的愈多，即表示與人互動所能接收新資訊能力愈低，長期下來也會被周圍的人列入不受歡迎的黑名單。而勾勾愈少的人，偶爾會有這些問題，但並不會影響與人資訊交流的機會。

學號：＿＿＿＿＿＿＿＿　　姓名：＿＿＿＿＿＿＿＿

——來自內在情緒的信息——

　　先閱讀下述問題，然後藉由描述一兩項似乎適合你的工作、活動、情境、年齡或生命階段，來作答。

1. 什麼時候你會最感精力充沛＿＿＿＿＿＿＿＿＿＿＿＿＿＿

2. 什麼時候你會覺得懷有高度動機＿＿＿＿＿＿＿＿＿＿＿＿

3. 什麼時候你會覺得完全投入＿＿＿＿＿＿＿＿＿＿＿＿＿＿

4. 什麼時候你會覺得最受尊重和重視＿＿＿＿＿＿＿＿＿＿＿

5. 什麼時候你會覺得最負有挑戰性＿＿＿＿＿＿＿＿＿＿＿＿

6. 什麼時候你最能自在面對你自己＿＿＿＿＿＿＿＿＿＿＿＿

7. 什麼時候你會覺得處於最佳狀態＿＿＿＿＿＿＿＿＿＿＿＿

8. 什麼時候你意外獲得別人評論你善於某事的驚訝＿＿＿＿＿

9. 什麼時候你會覺得相信某種信念＿＿＿＿＿＿＿＿＿＿＿＿

10. 回顧上述的問題與答案，藉此提供了哪些可能闡明，你個人內在情緒蒐尋的線索。

＿＿＿＿＿＿＿＿＿＿＿＿＿＿＿＿＿＿＿＿＿＿＿＿＿＿＿＿＿

＿＿＿＿＿＿＿＿＿＿＿＿＿＿＿＿＿＿＿＿＿＿＿＿＿＿＿＿＿

＿＿＿＿＿＿＿＿＿＿＿＿＿＿＿＿＿＿＿＿＿＿＿＿＿＿＿＿＿

＿＿＿＿＿＿＿＿＿＿＿＿＿＿＿＿＿＿＿＿＿＿＿＿＿＿＿＿＿

＿＿＿＿＿＿＿＿＿＿＿＿＿＿＿＿＿＿＿＿＿＿＿＿＿＿＿＿＿

＿＿＿＿＿＿＿＿＿＿＿＿＿＿＿＿＿＿＿＿＿＿＿＿＿＿＿＿＿

＿＿＿＿＿＿＿＿＿＿＿＿＿＿＿＿＿＿＿＿＿＿＿＿＿＿＿＿＿

＿＿＿＿＿＿＿＿＿＿＿＿＿＿＿＿＿＿＿＿＿＿＿＿＿＿＿＿＿

情緒溫度計

平時養成記錄情緒的習慣，每天分幾個時段記錄，並寫下動怒的原因，這種訓練有助於自我察覺、檢測怒氣。建立自己的情緒溫度計，更可以掌握自己常生氣的時段和原因。一旦接近情緒高溫期，自己可以趕緊做準備，甚至警告同事閃遠點，免得被颱風尾巴掃到。

「情緒溫度計」使用原則：

1. 將情緒溫度計的刻度設定在 0 ～ 10 分，將一天分為七段落，例如：一早搶停車位失敗，還沒進辦公室就在電梯前和部門經理吵架，決定只給自己 2 分。

2. 了解自己一天情緒的起伏變化後，接著去問原因，並給自己一段話。為什麼給 8 分，喔，原來在下午三點，聽到窗外小鳥吱喳叫，感覺很愉悅。其實忠實記錄之後，常常會發現每天的情緒波動受周遭環境與他人的影響非常大。記錄久了，自然培養出很細微的察覺能力，「即使生活中很細微的情緒飄過，也不放過」。

日期：		
日期：段落時間	事件	得分

學號：＿＿＿＿＿＿＿＿＿　　姓名：＿＿＿＿＿＿＿＿＿

　　找出生活中六件事例說明人格氣質的特性，然後與他人討論自己的人格特性。

六件事例：

1. ＿＿＿＿＿＿＿＿＿＿＿＿＿＿＿＿＿＿＿＿＿ 感受性。

2. ＿＿＿＿＿＿＿＿＿＿＿＿＿＿＿＿＿＿＿＿＿ 耐受性。

3. ＿＿＿＿＿＿＿＿＿＿＿＿＿＿＿＿＿＿＿＿＿ 敏捷性。

4. ＿＿＿＿＿＿＿＿＿＿＿＿＿＿＿＿＿＿＿＿＿ 可塑性。

5. ＿＿＿＿＿＿＿＿＿＿＿＿＿＿＿＿＿＿＿＿＿ 興奮性。

6. ＿＿＿＿＿＿＿＿＿＿＿＿＿＿＿＿＿＿ 外傾性與內傾性。

他人對我人格特性的觀感

＿＿＿＿＿＿＿＿＿＿＿＿＿＿＿＿＿＿＿＿＿＿＿＿＿＿＿＿

＿＿＿＿＿＿＿＿＿＿＿＿＿＿＿＿＿＿＿＿＿＿＿＿＿＿＿＿

＿＿＿＿＿＿＿＿＿＿＿＿＿＿＿＿＿＿＿＿＿＿＿＿＿＿＿＿

＿＿＿＿＿＿＿＿＿＿＿＿＿＿＿＿＿＿＿＿＿＿＿＿＿＿＿＿

綜合對自我人格認知

＿＿＿＿＿＿＿＿＿＿＿＿＿＿＿＿＿＿＿＿＿＿＿＿＿＿＿＿

＿＿＿＿＿＿＿＿＿＿＿＿＿＿＿＿＿＿＿＿＿＿＿＿＿＿＿＿

＿＿＿＿＿＿＿＿＿＿＿＿＿＿＿＿＿＿＿＿＿＿＿＿＿＿＿＿

＿＿＿＿＿＿＿＿＿＿＿＿＿＿＿＿＿＿＿＿＿＿＿＿＿＿＿＿

學號：＿＿＿＿＿＿＿　　姓名：＿＿＿＿＿＿＿

一份工作絕對需要許多人的同心協力才能完成，若是在職場中求生存的你，不趕快找出自己在人際相處上有哪些還需要改進的地方，那可是要吃大虧的！想知道為什麼有些人在職場中總是處處吃的開，而自己卻處處碰壁？趕快看一下您的問題出在哪裡！（資料來源：1111 人力銀行網站）

請下列各題中，在A、B、C、D四個圈選和你職場工作情形最接近的一個選項	A	B	C	D
01. 我常常不知道同事在想什麼	總是	經常	偶而	從未
02. 我常常需要猜同事的想法	總是	經常	偶而	從未
03. 覺得同事們老是聽不懂我的話	總是	經常	偶而	從未
04. 在辦公室覺得與同事相處很累	總是	經常	偶而	從未
05. 我常常不知道主管在想什麼	總是	經常	偶而	從未
06. 我常常需要猜主管的想法	總是	經常	偶而	從未
07. 在辦公室覺得與主管相處很累	總是	經常	偶而	從未
08. 覺得上司及主管老是聽不懂我的話	總是	經常	偶而	從未
09. 喜歡與公司的同事相處	從未	偶而	經常	總是
10. 工作遇上困難時，同事會協助我	從未	偶而	經常	總是
11. 同事有困難時，我會主動協助	從未	偶而	經常	總是
12. 會和同事一起吃飯	從未	偶而	經常	總是
13. 主管對我很友善	從未	偶而	經常	總是
14. 我喜歡和我的主管相處	從未	偶而	經常	總是

學號：＿＿＿＿＿＿＿＿　　　姓名：＿＿＿＿＿＿＿＿

活動解析一：你與同事共事的情形

01 ～ 04 題	A=1 分、B=2 分 C=3 分、D=4 分	得分	
得分 04 ～ 10 分	您跟同事是否如「君子之交」一般淡如水呢？您是否注意到在工作場合時，您常常一個人獨來獨往，而同事也常會與你爭辯工作上的決定及看法，讓您覺得在工作上有種孤立無援的挫折感。看來您得多多加強您的溝通能力了，要如何讓自己擁有呼風喚雨的溝通能力呢？你不妨參考人際溝通、公關、關係改變、負面模式改變等方面的相關書籍外或課程的協助。		
得分 12 ～ 16 分	恭喜您！您和同事一定相處的不錯吧！是不是有時會有「心有靈犀一點通」的契合感呢？當你想不通的時候，你的同事一定可以了解你的難處，支持你繼續在工作上努力。有這樣相處融洽且工作理念相通的工作夥伴，工作起來一定相當得心應手吧！要繼續維持這樣的好關係喔！與同事保持良好的溝通，將使你的工作上的佳績更加手到擒來！不過可別因此而滿足，好還要更好。		

活動解析二：你與主管共事的情形

05～08題	A=1分、B=2分 C=3分、D=4分	得分	
得分 04～10 分	您一定覺得主管一點都不了解你，有些懷才不遇的窘困感吧！造成這種狀況的主因可能是您的主管不了解你，也有可能是您不知該如何與您的主管相處。求人不如求己！改變一下自己的思考邏輯與處世習慣，相信你一定能有一番新的斬獲喔！		
得分 12～16 分	恭喜您！您和您的主管在工作上應是合作得相當愉快吧！您不但能掌握主管的喜好，更能切中主管所要求的重點，提出主管滿意的見解，交出美麗的成績單。對工作場合裡的大多數人而言您是幸福的天之驕子，但可別這樣就滿足喔！		

學號：＿＿＿＿＿＿＿＿＿ 姓名：＿＿＿＿＿＿＿＿＿

活動解析三：你與同事及主管的相處狀況

09 ～ 14 題	A=1 分、B=2 分 C=3 分、D=4 分	得分	
得分 06 ～ 14 分	您跟主管或同事的相處關係是否不甚融洽呢？還是您鮮少與同事及主管做非正式（非工作性質）的互動？除了工作上的接觸之外，有時一些非正式的聚會及交集，都可以在輕鬆的氣氛下，讓自己增加在群體中的曝光率，並建立友善及柔性的關係，不論是上司、主管、同事、甚至是客戶都將成為您事業上的幫手唷。而技巧該如何把握呢？你不妨參考自我探索、關係建立與維持、人際溝通的技巧等方面書籍或課程的協助。		
得分 15 ～ 24 分	這一向度是測驗您與同事及主管的相處狀況。您與同事及主管保持友善且熟絡的關係，使您在工作場合中的人氣能直線上升；與同事肝膽相照、相互提攜，又能備受主管的青睞與器重，當然工作順利更是不在話下。但您可別太志得意滿喔！維持良好的工作關係，將使你成為工作事業上的常勝軍，而關係的維持可不能只靠一起吃飯聊天建立，還有許多的技巧必須靠您時時精進。你不妨參考自我探索、關係建立與維持、人際溝通的技巧等方面書籍或課程的協助。期望能讓您在人際關係上永遠都是常勝軍！		

　　求職面談是一個同時涵蓋心理及智慧能力的探索、觀察、求證的過程，同樣的問題會因為參與者（面談及應徵雙方面）的不同，而產生截然不同的思考與回應，因此當然也就不會有「標準答案」的存在；但的確是有值得參考的回答方向，或是經面談者綜合考量後認為屬於較合適的回答。下列十五個題目你也來試著做做看，如果你的回答和人事主管的想法十分貼近，恭喜你！你離「被錄用」又更近了一步！（資料來源：經緯智庫股份有限公司網站）

（　　）1. 你為什麼想離開目前的職務？
　　　　　A.同事認為我是老闆的眼線，導致處處排擠我。
　　　　　B.調薪的結果令我十分失望，與我的付出不成正比。
　　　　　C.老闆不願授權，工作處處受限，很難做事。
　　　　　D.公司營運狀況不佳，大家人心惶惶。

（　　）2. 你對於我們公司了解多少？
　　　　　A.貴公司在去年長達八個月的時間都高居股王的寶座。
　　　　　B.貴公司連續三年被評選為「求職者最想進入的企業」的第
　　　　　　一名。
　　　　　C.不是很清楚，能否請您做些介紹。
　　　　　D.貴公司加強與國外大廠的 OEM 合作，自有品牌透過海外
　　　　　　經銷商。

（　　）3. 你找工作時最重要的考量因素為何？
　　　　　A.公司的遠景及產品競爭力。
　　　　　B.公司對員工生涯規劃的重視及人性化的管理。
　　　　　C.工作的性質是否能讓我發揮所長並不斷成長。
　　　　　D.合理的待遇及主管的管理風格。

（　　）4. 為什麼我們應該錄用你？
　　　　　A.因為我深信我比別人都優秀。
　　　　　B.因為我有很強烈的企圖心想要與貴公司共同成長。
　　　　　C.由我過去的工作表現所呈現數據，可看出我認真的工作態度。
　　　　　D.我在這個產業已耕耘了八年，豐厚的人脈是我最大的資產。

（　　）5. 請談談你個人最大的特色。
　　　　A.我人緣極佳，連續三年擔任福委會委員。
　　　　B.我的堅持度很高，事情沒有到令人滿意的結果，絕不罷手。
　　　　C.我非常守時，工作以來從來沒有遲到過。
　　　　D.我的個性很隨和，是大家公認的好好先生（小姐）。

（　　）6. 你認為你在哪一方面最需要改進？
　　　　A.時間管理。
　　　　B.人際關係。
　　　　C.我有點迷糊。
　　　　D.不應該以高標準去要求部屬／同仁。

（　　）7. 你的期望待遇是多少？
　　　　A.是否可以先讓我了解一下貴公司的薪資及福利制度。
　　　　B.期望至少要高過我目前的薪水，依我的職等可配幾張股票呢？
　　　　C.我目前是 4 萬元，但下個月調薪 10%，故希望至少有 4 萬
　　　　　5 千元。
　　　　D.月薪45,000元～85,000元，不知道是否在貴公司的預算內。

（　　）8. 你什麼時候可以開始來上班？
　　　　A.再等一個半月，拿到上年度的分紅之後。
　　　　B.原則上我可以儘量配合，但須與目前老闆討論交接日期。
　　　　C.請可以給我二個星期的時間考慮一下，並與家人討論。
　　　　D.月底有要事得出國，是否可以等到下個月回國後。

（　　）9. 你有沒有什麼問題要問的？
　　　　A.這個職務多久才有昇遷的機會？
　　　　B.目前工作上常用的設計軟體包括哪些？
　　　　C.我想不出有什麼好問的。
　　　　D.以我的職等而言，去年平均可以分到多少張股票？

（　　）10.請談談你在前一份工作中的最大貢獻。
　　　　A.因事前準備得宜，在產品展上大出鋒頭。
　　　　B.據理力爭，為同事爭取年度免費健檢的福利。
　　　　C.重新設計生產線，縮短了生產週期，出貨量增也跟著提升。
　　　　D.以一份完整的評估報告建議公司盡快投入電子商務。

（　　）11. 如果我錄用你，你認為你在這份工作上會待多久呢？
A. 要等我工作一段時間後，才能比較具體的回答。
B. 至少要做個三到五年才能學習到工作菁華的部分。
C. 這問題蠻難回答的，可能要看當時的情形。
D. 至少二年，二年後我計畫再出國深造。

（　　）12. 除了我們公司之外，你還應徵了其他哪些公司呢？
A. 除了像貴公司的電子廠外，還有某飲料公司及某程式設計公司。
B. 我除了應徵貴公司之外，並沒有再應徵其他公司。
C. 因透過人力網站，所以有很多公司與我聯絡。
D. 我只對電子產業感興趣，我還應徵了聯電及臺基電。

（　　）13. 你希望五年後達到什麼成就？
A. 順其自然。
B. 依我的機靈及才幹，晉升至部門經理是我的中期目標。
C. 自己獨當一面開公司。
D. 全力以赴以期能隨著年資被賦予職責與挑戰。

（　　）14. 如果你離開現職，你認為你的老闆會有什麼反應？
A. 很震驚，因為老闆對我非常的信賴。
B. 還好吧，他大概心理也有數，反正公司現在也不忙。
C. 反正同事來來去去他大概習慣了。
D. 他一定會生氣，他是一個相當情緒化的人。

（　　）15. 你為什麼想來我們公司工作？
A. 主要是這份工作的內容很吸引我。
B. 貴公司在業界頗出名的，聽說管理也很人性化。
C. 在貴公司會計部工作的同學，建議我來的。
D. 所處的產業及業界的聲譽及工作性質都很吸引我。

＊詳解請見電子檔投影片

學號：_____　　姓名：_____

活動

11-3 檢測自己的工作性向

現在的你，是否在「理想」與「現況」之間出現了極大的落差呢？或許看看下列狀況題，就可一窺究竟了：請按下列所遇的狀況，依個人客觀角度來選擇現在內心的想法（資料來源：1111 人力銀行網站）。

狀　　況		沒有 A	輕微 B	不滿 C	強烈 D
01.	一點都不想起床工作				
02.	沒有辦法專心投入工作				
03.	對以往喜歡的人事物失去興趣				
04.	對自己現有的生活處處不滿				
05.	看什麼都不順眼				
06.	擔心自己沒辦法將事情處理妥當				
07.	覺得人生無聊而且疲憊				
08.	希望自己是別人				
09.	情緒冷漠，與別人說話時愛搭不搭的				
10.	焦慮自己得了資訊恐慌症				
11.	憂心自己感染躁鬱症或憂鬱症				
12.	週末假日懶得出門				
13.	一整天都覺得沮喪				
14.	覺得全天下人都不了解自己				
15.	靠猛吃、喝酒及藥物來讓自己舒服一點				
16.	愈來愈疲倦、沒有精神和漫無頭緒				
17.	缺乏熱忱				
18.	經常性的頭疼、腰酸背痛和身體始終覺得不舒服				
19.	脖子、肩膀堅硬無比，轉動起來還會喀ㄘ、喀ㄘ作響				
20.	很難入睡、要不就睡不醒，還覺得睡眠不足				
21.	不斷地抱怨、挑剔和口出穢言				

學號：＿＿＿＿＿＿　　姓名：＿＿＿＿＿＿

活動解析：

　　你自己知道你現在的心理狀況嗎？其實不是每個人都了解自己的心理狀況唷！身在職場上的你常常會聽到一句話「知己知彼，百戰百勝」，你知道真正的自己嗎？趕快看一下解析吧！

配分	A=0 分、B=1 分 C=3 分、D=5 分	得分	
得分 0 ～ 40 分	恭喜你，你只是暫時性的疲勞而已，適當的調整自己的步伐、休息一下，又將是個精力充沛的優質現代人啦！建議你可以選擇一些可以放鬆心情的書籍或課程做為生活上的調劑，一面放鬆一面又可吸取新知，何樂而不為？		
得分 41 ～ 65 分	好像有點不順利的感覺喔！或許是找不到合宜的工作方式或人際溝通模式；也有可能是欠缺與外界互動、交換訊息的機會唷！沒關係，把可能的影響因素找出來，順便學習迅速有效的處理方式，相信狀況會好轉的，多幫幫自己吧！不妨參考人際相處、改善溝通等對你有益的書籍或課程！		
得分 66~105 分	你已經累積太多不滿的情緒了唷！表示自己的理想與現實之間已經出現矛盾了，此刻的你，應該開始進行「停、看、聽」的工作，甚至得先放下手邊的工作，找個你信任的朋友，一同來深思你的問題；或許也該是你回頭檢查一下自己一路工作以來的成績單，是否合乎標準？還是對自己做些事，真切地實現自己的理想。		

對於 2005 年上路的勞工退休金新制，每家公司將出現二至三種退休制度，事業單位無論是財務規劃或人事管理都將產生變化，而你對於勞退新制了解多少呢？請試著完成下表比較新舊制的不同。

項目		舊制	新制（勞工退休金條例）			對勞工影響
			個人帳戶制	年金保險制	其他可攜式年金制	
適用對象						
負擔額	雇主負擔額					
	勞工負擔額					
工作年資計算方式						

學號：＿＿＿＿＿＿＿　　姓名：＿＿＿＿＿＿＿

項目	舊制	新制（勞工退休金條例）			對勞工影響
		個人帳戶制	年金保險制	其他可攜式年金制	
給付方式					
基金收益保障					
代管機構					
（負責基金之收支管理運用及監督）					
課稅方式					
資遣費的抵充					